Impressum
Verlag: BABADADA GmbH, Nedderfeld 112 , 22529 Hamburg
Geschäftsführer / Verlagsleitung: Harald Hof
Druck: Books on Demand GmbH, In de Tarpen 42, 22848 Norderstedt

Imprint
Publisher: BABADADA GmbH, Nedderfeld 112 , 22529 Hamburg, Germany
Managing Director / Publishing direction: Harald Hof
Print: Books on Demand GmbH, In de Tarpen 42, 22848 Norderstedt

sekolah
σχολείο

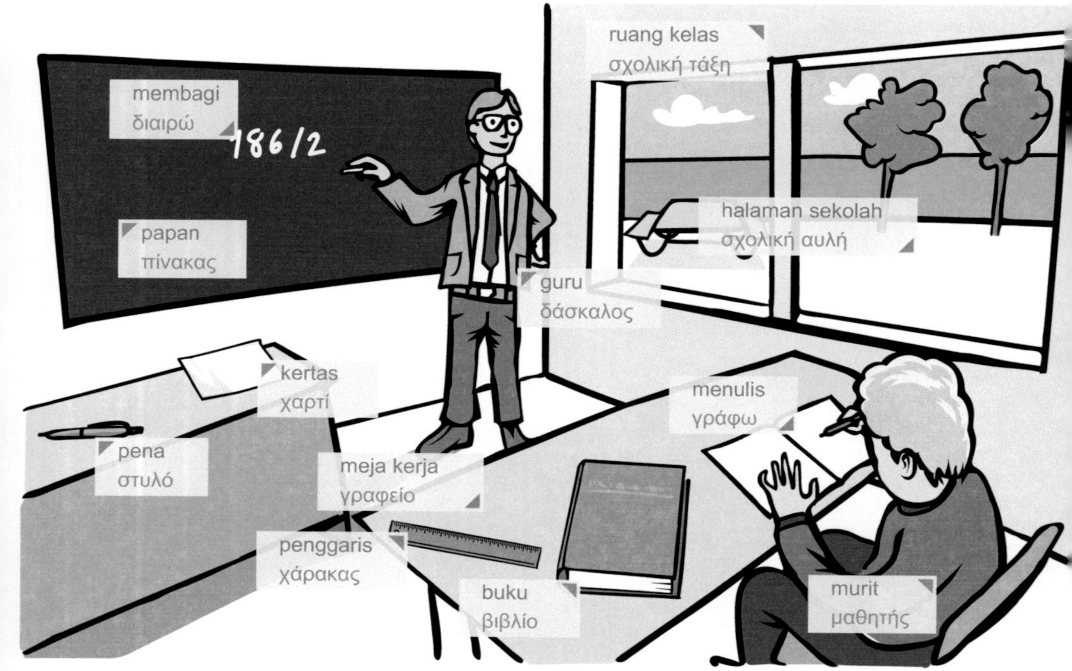

ruang kelas
σχολική τάξη
membagi
διαιρώ
186/2
papan
πίνακας
halaman sekolah
σχολική αυλή
guru
δάσκαλος
kertas
χαρτί
menulis
γράφω
pena
στυλό
meja kerja
γραφείο
penggaris
χάρακας
buku
βιβλίο
murit
μαθητής

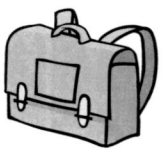

tas sekolah

σχολική τσάντα

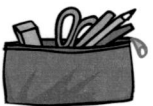

tempat pensil

κασετίνα/ μολυβοθήκη

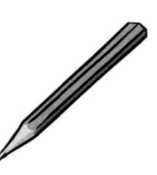

pensil

μολύβι

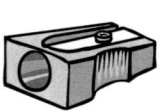

pengasah pensil

ξύστρα

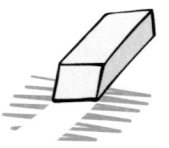

penghapus

γόμα

kertas gambar

μπλοκ ζωγραφικής

gambar

ζωγραφική

kuas

πινέλο

kotak cat

κουτί χρωμάτων

gunting

ψαλίδι

lem

κόλλα

buku latihan

τετράδιο ασκήσεων

pekerjaan rumah

εργασία για το σπίτι

angka

αριθμός

tambhakan

προσθέτω

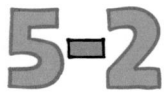

mengurangi

αφαιρώ

mengalikan

πολλαπλασιάζω

menghitung

υπολογίζω

huruf

γράμμα

alfabet

αλφάβητο

kata

λέξη

teks

κείμενο

membaca

διαβάζω

kapur

κιμωλία

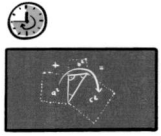

pelajaran

μάθημα

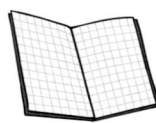

daftar

εγγράφομαι

ujian

τεστ

sertifikat

πιστοποιητικό

seragam sekolah

μαθητική στολή

pendidikan

εκπαίδευση

ensiklopedi

εγκυκλοπαίδεια

universitas

πανεπιστήμιο

mikroskop

μικροσκόπιο

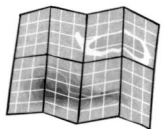

peta

χάρτης

tempat sampah

καλάθι αχρήστων

perjalanan
ταξίδι

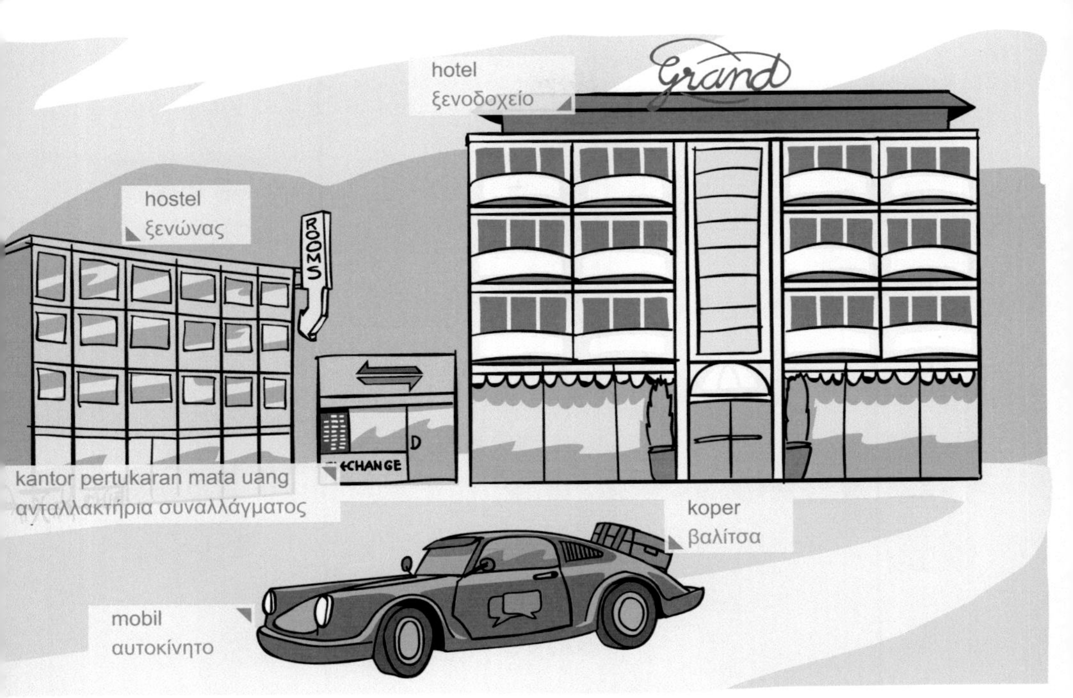
hotel
ξενοδοχείο
Grand
hostel
ξενώνας
ROOMS
EXCHANGE
kantor pertukaran mata uang
ανταλλακτήρια συναλλάγματος
koper
βαλίτσα
mobil
αυτοκίνητο

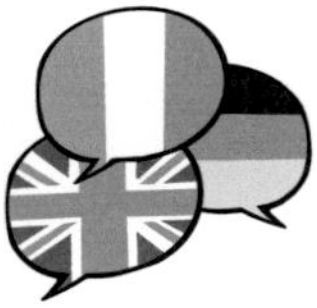

bahasa

γλώσσα

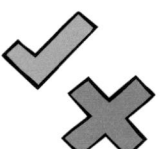

ya / tidak

ναι / όχι

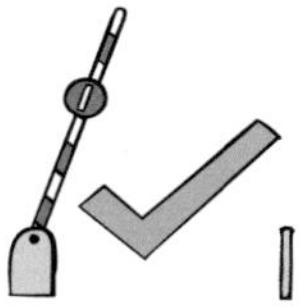

okay

εντάξει

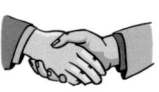

hallo

γεια σου

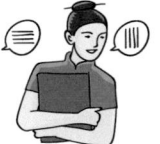

penerjemah

μεταφραστής

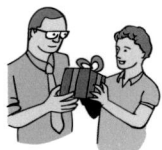

terima kasih

Ευχαριστώ

Berapa harganya...?

πόσο κάνει ;

saya tidak mengerti

Δε καταλαβαίνω

masalah

πρόβλημα

Selamat malam!

Καλησπέρα!

Selamat siang!

Καλημέρα!

Selamat tidur!

Καληνύχτα!

sampai jumpa

Αντίο

arah

κατεύθυνση

bagasi

αποσκευές

tas

τσάντα

ransel

σακίδιο πλάτης

tamu

καλεσμένος

ruang

δωμάτιο

kantong tidur

υπνόσακος

tenda

σκηνή

informasi wisata

τουριστικές πληροφορίες

pantai

παραλία

kartu kredit

πιστωτική κάρτα

sarapan

πρωινό

makan siang

μεσημεριανό

makan malam

δείπνο

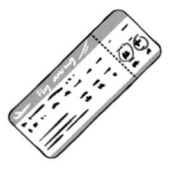

tiket

εισιτήριο

elevator

ανελκυστήρας

perangko

γραμματόσημο

perbatasan

σύνορα

cukai

τελωνείο

kedutaan

πρεσβεία

visa

βίζα

paspor

διαβατήριο

transportasi

μεταφορά

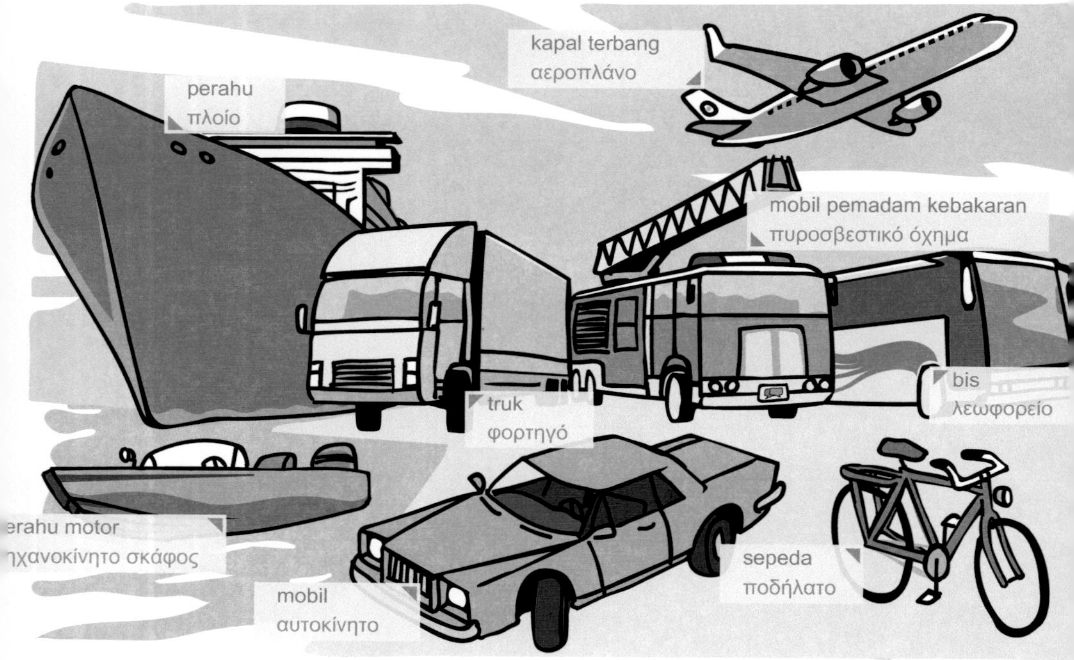

kapal terbang
αεροπλάνο
perahu
πλοίο
mobil pemadam kebakaran
πυροσβεστικό όχημα
truk
φορτηγό
bis
λεωφορείο
erahu motor
ηχανοκίνητο σκάφος
sepeda
ποδήλατο
mobil
αυτοκίνητο

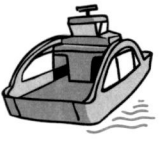

feri

φεριμπότ

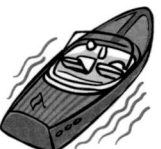

perahu

βάρκα

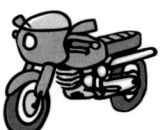

sepeda motor

μοτοσικλέτα

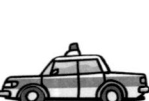

mobil polisi

περιπολικό

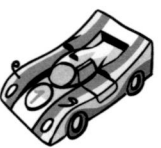

mobil balapan

αγωνιστικό αυτοκίνητο

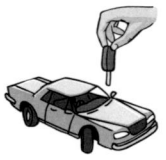

mobil sewa

ενοικιαζόμενο αυτοκίνητο

berbagi mobil

ιαμοιρασμός αυτοκινήτων

truk derek

γερανός

truk sampah

απορριμματοφόρο

motor

κινητήρας

bahan bakar

καύσιμο

bensin

βενζινάδικο

tanda lalulintas

πινακίδα σήμανσης

lalulintas

κυκλοφορία

macet

κυκλοφοριακή συμφόρηση

parkir mobil

χώρος στάθμευσης

stasiun kereta

σιδηροδρομικός σταθμός

trek

σιδηροδρομικές γραμμές

kereta api

τρένο

tram

τραμ

gerobak

βαγόνι

helikopter

ελικόπτερο

bendara

αεροδρόμιο

menara

πύργος

penumpang

επιβάτης

container

εμπορευματοκιβώτιο

karton

χαρτοκιβώτιο

troli

καρότσι

keranjang

καλάθι

berangkat / mendarat

απογειώνομαι /
προσγειώνομαι

kota

πόλη

desa

χωριό

pusat kota

κέντρο της πόλης

rumah

σπίτι

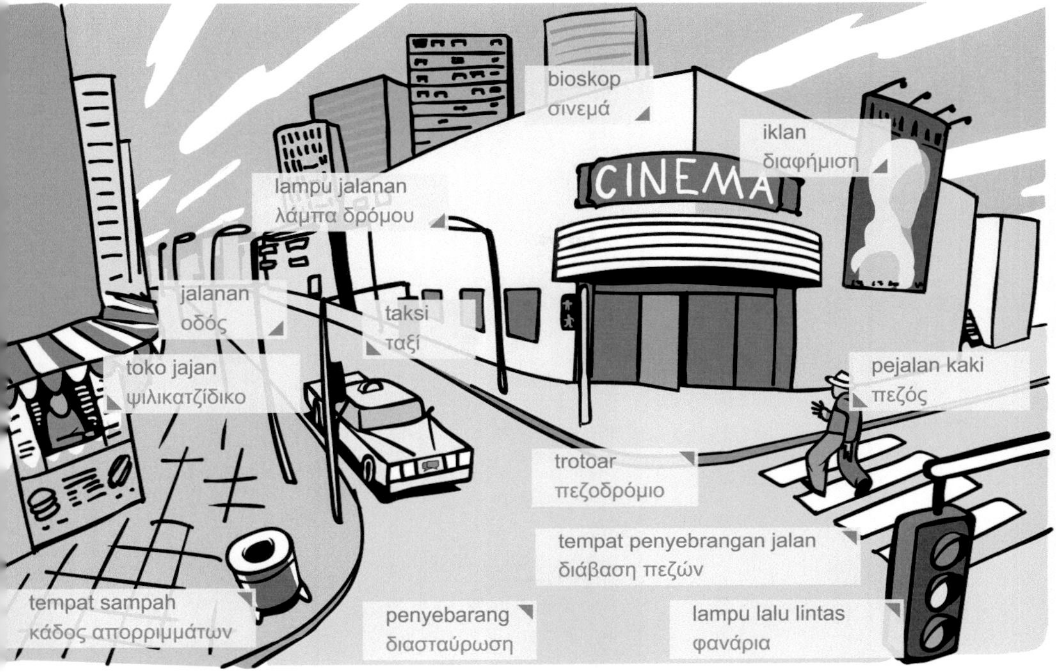

bioskop
σινεμά
CINEMA
iklan
διαφήμιση
lampu jalanan
λάμπα δρόμου
jalanan
οδός
taksi
ταξί
toko jajan
ψιλικατζίδικο
pejalan kaki
πεζός
trotoar
πεζοδρόμιο
tempat penyebrangan jalan
διάβαση πεζών
tempat sampah
κάδος απορριμμάτων
penyebarang
διασταύρωση
lampu lalu lintas
φανάρια

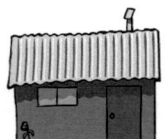

gubuk

καλύβα

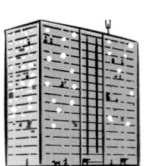

rumah flat

διαμέρισμα

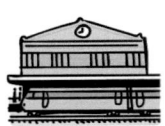

stasiun kereta

σιδηροδρομικός σταθμός

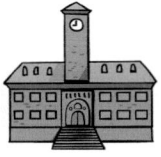

balai kota

δημαρχείο

MUSEUM

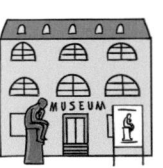

museum

μουσείο

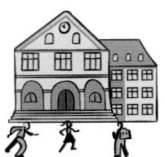

sekolah

σχολείο

universitas

πανεπιστήμιο

bank

τράπεζα

rumah sakit

νοσοκομείο

hotel

ξενοδοχείο

farmasi

φαρμακείο

kantor

γραφείο

toko buku

βιβλιοπωλείο

toko

κατάστημα

toko bunga

ανθοπωλείο

supermarket

σούπερ μάρκετ

pasar

αγορά

toko serba ada

πολυκατάστημα

nelayan

ιχθυοπωλείο

pusat belanja

εμπορικό κέντρο

pelabuhan

λιμάνι

taman

πάρκο

banku

παγκάκι

jembatan

γέφυρα

tangga

σκάλες

kereta bawah tanah

μετρό

terowongan

τούνελ

pemberhantian bis

στάση λεωφορείου

bar

μπαρ

restauran

εστιατόριο

kotak surat

γραμματοκιβώτιο

tanda jalan

πινακίδα δρόμου

meteran parkir

παρκόμετρο

kebun binatang

ζωολογικός κήπος

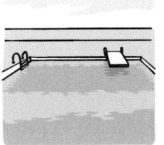

kolam renang

πισίνα

mesjid

τζαμί

pertanian

αγρόκτημα

polusi

ρύπανση

kuburan

νεκροταφείο

gereja

εκκλησία

tempat bermain

παιδική χαρά

pura

ναός

pemandangan
τοπίο

daun
φύλλο

penunjuk arah
πινακίδα κατεύθυνσης

jalanan
δρόμος

padang rumput
λιβάδι

batu
πέτρα

pejalak kaki
πεζοπόρος

pohon
δέντρο

sungai
ποτάμι

rumput
χορτάρι

bunga
λουλούδι

lembah

κοιλάδα

bukit

λόφος

danau

λίμνη

hutan

δάσος

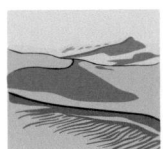

padang gurun

έρημος

gunung berapi

ηφαίστειο

istana

κάστρο

pelangi

ουράνιο τόξο

jamur

μανιτάρι

pohon palem

φοίνικας

nyamuk

κουνούπι

lalat

μύγα

semut

μυρμήγκι

lebah

μέλισσα

laba-laba

αράχνη

kumbang

σκαθάρι

kodok

βάτραχος

tupai

σκίουρος

landak

σκαντζόχοιρος

kelinci

λαγός

burung hantu

κουκουβάγια

burung

πουλί

angsa

κύκνος

babi jantan

αγριογούρουνο

rusa

ελάφι

rusa

άλκη

bendungan

φράγμα

turbin angin

ανεμογεννήτρια

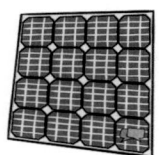

panel surya

ηλιακός συλλέκτης

iklim

κλίμα

pemandangan - τοπίο

restauran

εστιατόριο

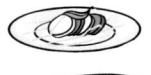

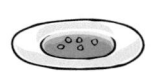

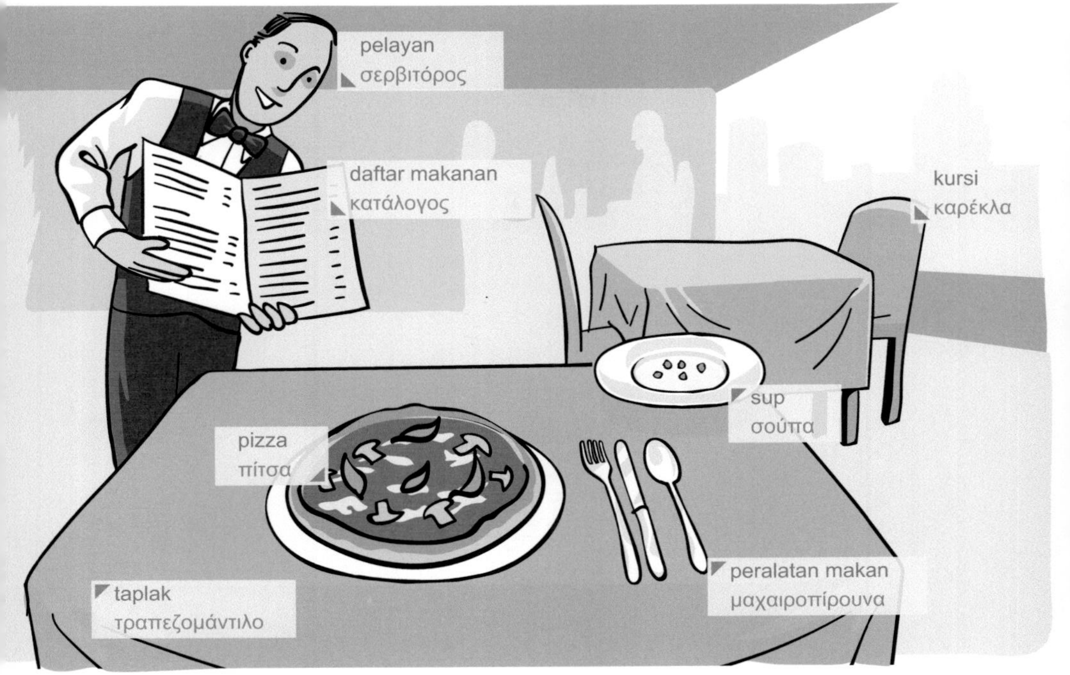

pelayan
σερβιτόρος
daftar makanan
κατάλογος
kursi
καρέκλα
sup
σούπα
pizza
πίτσα
peralatan makan
μαχαιροπίρουνα
taplak
τραπεζομάντιλο

hindangan pembuka

ορεκτικό

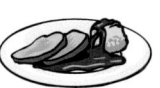

hidangan utama

κύριο πιάτο

hidangan penutup

επιδόρπιο

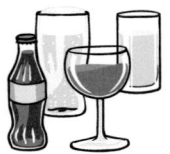

minuman

ποτά

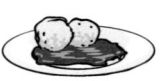

makanan

φαγητό

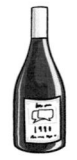

botol

μπουκάλι

fastfood

φαστ φουντ

masakan jalanan

φαγητό στ' όρθιο

teko teh

τσαγιέρα

kaleng gula

δοχείο ζάχαρης

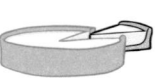

porsi

μερίδα

mesin espresso

μηχανή εσπρέσο

kursi tinggi

ψηλή καρέκλα

tagihan

λογαριασμός

baki

δίσκος

pisau

μαχαίρι

garpu

πιρούνι

sendok

κουτάλι

sendok teh

κουταλάκι του τσαγιού

serbet

πετσέτα φαγητού

gelas

ποτήρι

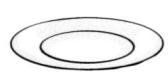

piring

πιάτο

piring sup

πιάτο σούπας

lepek

πιατάκι φλιτζανιού

saus

σάλτσα

tempat garam

αλατιέρα

gilingan merica

μύλος για πιπέρι

cuka

ξύδι

minyak

λάδι

bumbu

μπαχαρικά

saus tomat

κέτσαπ

mustar

μουστάρδα

mayones

μαγιονέζα

supermarket

σούπερ μάρκετ

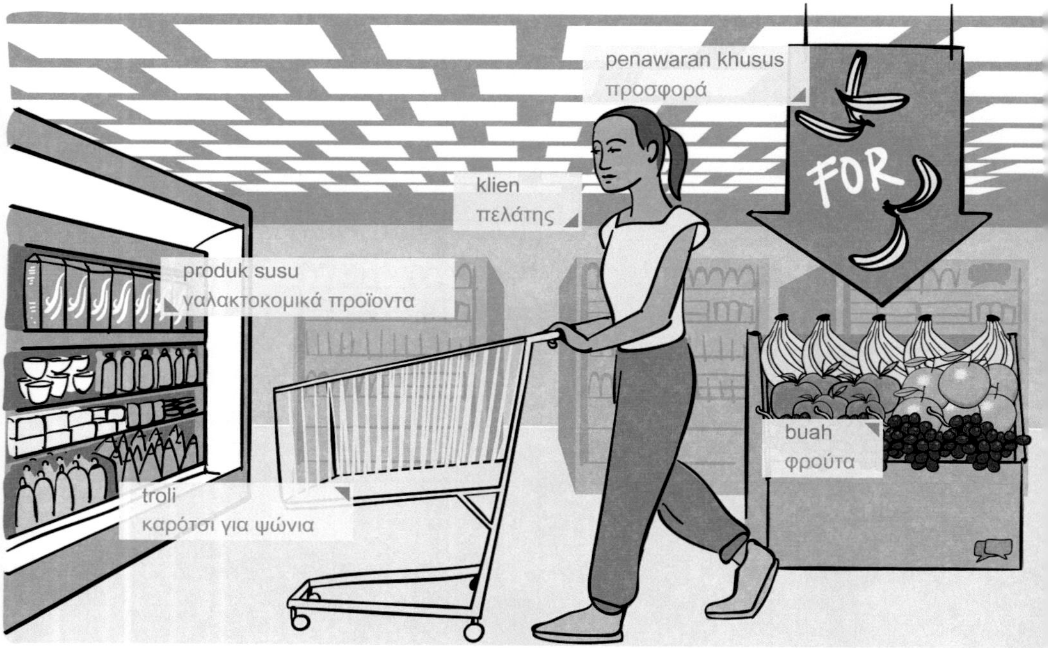

penawaran khusus
προσφορά
klien
πελάτης
produk susu
γαλακτοκομικά προϊόντα
buah
φρούτα
troli
καρότσι για ψώνια
FOR

BUTCHERS

pembantai

κρεοπωλείο

BAKERY

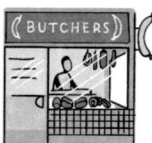

toko roti

φούρνος

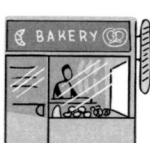

menimbang

ζυγίζω

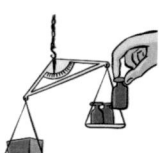

sayur

λαχανικά

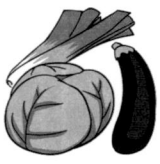

daging

κρέας

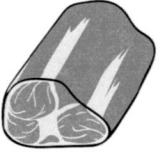

makanan beku

κατεψυγμένα τρόφιμα

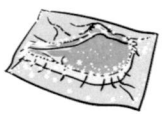

pemotongan dingin

αλλαντικά

makanan kaleng

κονσερβοποιημένη τροφή

sabun serbuk

απορρυπαντικό ρούχων

permen

γλυκά

alat-alat rumah tangga

οικιακά είδη

obat pembersihan

καθαριστικά προϊόντα

penjual

πωλήτρια

kasa

ταμείο

kasir

ταμίας

daftar belanja

λίστα για ψώνια

jam buka

ωράριο λειτουργίας

dompet

πορτοφόλι

kartu kredit

πιστωτική κάρτα

tas

τσάντα

kantong plastik

πλαστική σακούλα

air

νερό

jus

χυμός

susu

γάλα

cola

κόκα κόλα

anggur

κρασί

bir

μπίρα

alkohol

αλκοόλ

coklat

κακάο

teh

τσάι

kopi

καφές

espresso

εσπρέσο

cappucino

καπουτσίνο

pisang

μπανάνα

apel

μήλο

jeruk

πορτοκάλι

semangka

πεπόνι

jeruk lemon

λεμόνι

wortel

καρότο

bawang putih

σκόρδο

bambu

μπαμπού

bawang bombai

κρεμμύδι

jamur

μανιτάρι

kacang

ξηροί καρποί

mi

νουντλς

spagetti

μακαρόνια

nasi

ρύζι

salat

σαλάτα

kentang goreng

πατατάκια

kentang goreng

τηγανητές πατάτες

pizza

πίτσα

hamburger

χάμπουργκερ

sandwich

σάντουιτς

sayatan

κοτολέτα

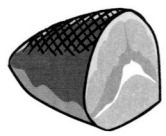

ham

ζαμπόν

salami

σαλάμι

sosis

λουκάνικο

ayam

κοτόπουλο

menggoreng

ψητό

ikan

ψάρι

bubur gandum

χυλός βρώμης

sereal

μούσλι

cornflakes

κορν φλέικς

tepung

αλεύρι

croissant

κρουασάν

roti

ψωμάκι

roti

ψωμί

toast

τοστ

biskuit

μπισκότα

mentega

βούτυρο

dadih

τυρόπηγμα

kue

κέικ

telur

αυγό

telur goreng

τηγανητό αυγό

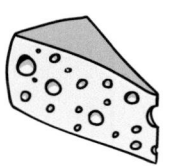

keju

τυρί

eskrim

παγωτό

gula

ζάχαρη

madu

μέλι

selai

μαρμελάδα

krim nugat

άλλειμμα σοκολάτας

kare

κάρυ

pertanian
αγρόκτημα

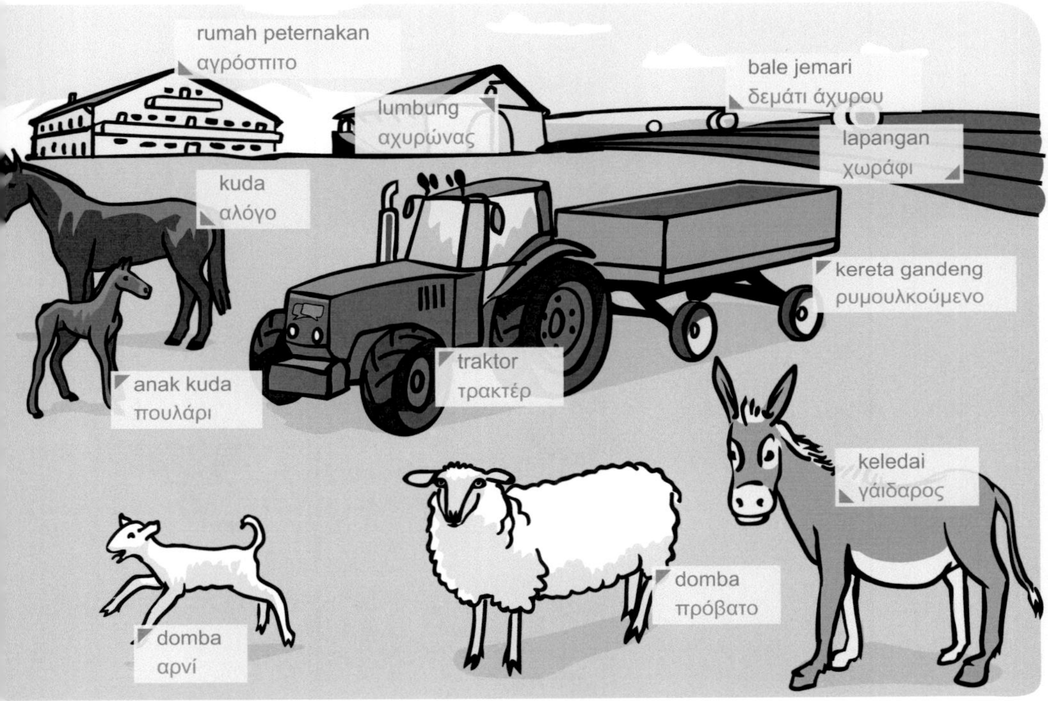

rumah peternakan
αγρόσπιτο
lumbung
αχυρώνας
bale jemari
δεμάτι άχυρου
lapangan
χωράφι
kuda
αλόγο
kereta gandeng
ρυμουλκούμενο
traktor
τρακτέρ
anak kuda
πουλάρι
keledai
γάιδαρος
domba
πρόβατο
domba
αρνί

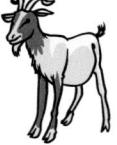

kambing

κατσίκα

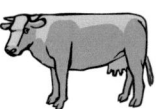

sapi

αγελάδα

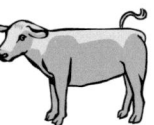

betis

μοσχαράκι

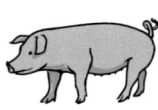

babi

γουρούνι

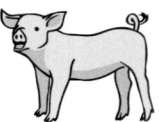

celeng

γουρουνάκι

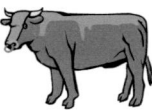

banteng

ταύρος

angsa

χήνα

bebek

πάπια

anak ayam

κοτοπουλάκι

ayam

κότα

ayam jantan

κόκορας

tikus

αρουραίος

kucing

γάτα

tikus

ποντίκι

lembu

βόδι

anjing

σκύλος

rumah anjing

σπιτάκι σκύλου

selang

λάστιχο κήπου

penyiram

ποτιστήρι

sabit

θεριστήρι

bajak

αλέτρι

sabit

δρεπάνι

cangkul

τσάπα

garpu rumput

δίκρανο

kapak

τσεκούρι

gerobak

χειράμαξα

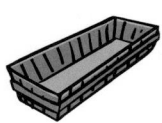

palung

ταΐστρα

kaleng susu

δοχείο γάλακτος

karung

σάκος

pagar

φράχτης

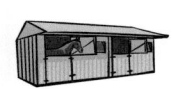

kandang

στάβλος

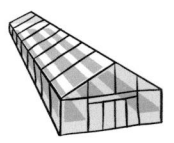

rumah kaca

θερμοκήπιο

tanah

έδαφος

benih

σπόρος

pupuk

λίπασμα

mesin pemanen

θεριζοαλωνιστική μηχανή

panen

θερίζω

panen

συγκομιδή

yams

γιαμς

gandum

σιτάρι

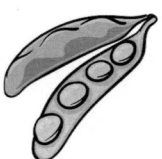

kedelai

σόγια

kentang

πατάτα

jagung

καλαμπόκι

lobak

κράμβη

pohon buah

οπωροφόρο δέντρο

singkong

μανιόκα

sereal

δημητριακά

rumah
σπίτι

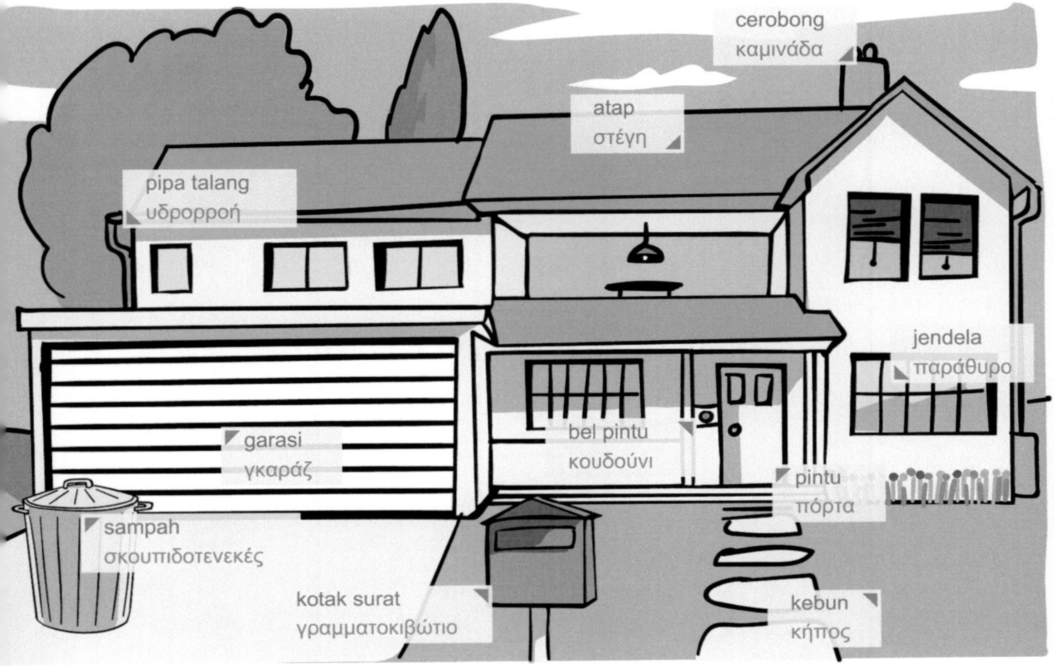
cerobong
καμινάδα
atap
στέγη
pipa talang
υδρορροή
jendela
παράθυρο
garasi
γκαράζ
bel pintu
κουδούνι
pintu
πόρτα
sampah
σκουπιδοτενεκές
kotak surat
γραμματοκιβώτιο
kebun
κήπος

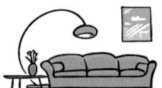

ruang tamu
σαλόνι

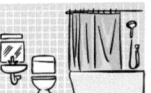

kamar mandi
μπάνιο

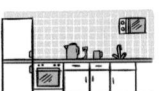

dapur
κουζίνα

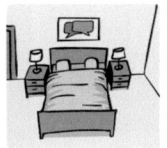

kamar tidur
υπνοδωμάτιο

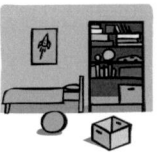

kamar anak
παιδικό δωμάτιο

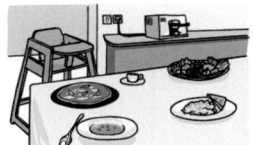

kamar makan
τραπεζαρία

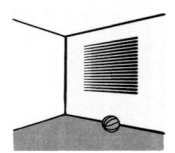

lantai

πάτωμα

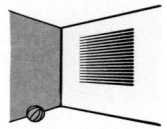

tembok

τοίχος

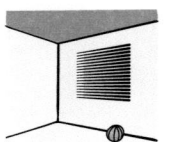

atap

οροφή

gudang di bawah tanah

κελάρι

sauna

σάουνα

balkon

μπαλκόνι

teras

βεράντα

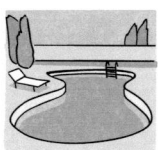

kolam renang

πισίνα

mesin pemotong rumput

μηχανή του γκαζόν

sprei

σεντόνι

selimut

κάλυμμα κρεβατιού

tempat tidur

κρεβάτι

sapu

σκούπα

ember

κουβάς

tombol

διακόπτης

ruang tamu
σαλόνι

kertas dinding
ταπετσαρία
gambar
φωτογραφία
lampu
λάμπα
rak
ράφι
kabinet
ντουλάπι
televisi
τηλεόραση
perapian
τζάκι
bunga
λουλούδι
bantal
μαξιλάρι
sofa
καναπές
vas
βάζο
remote control
τηλεκοντρόλ

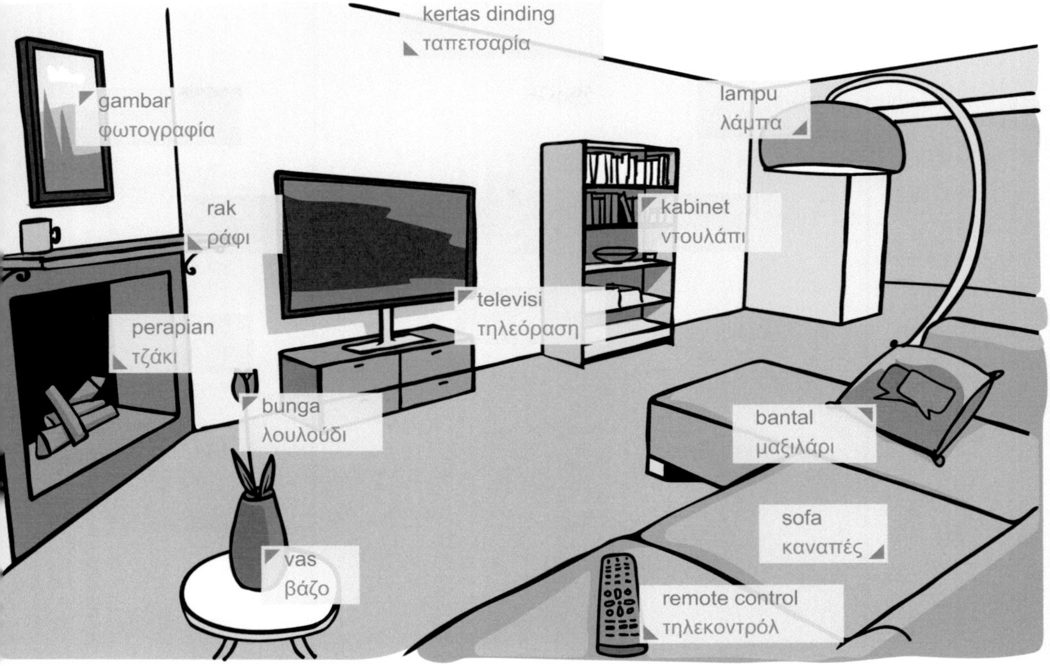

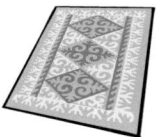

karpet

χαλί

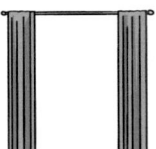

korden

κουρτίνα

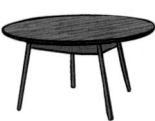

meja

τραπέζι

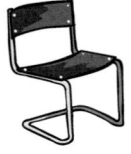

kursi

καρέκλα

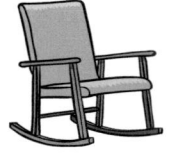

kursi goyang

κουνιστή πολυθρόνα

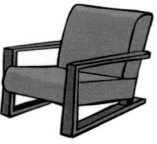

kursi malas

πολυθρόνα

buku

βιβλίο

selimut

κουβέρτα

dekorasi

διακόσμηση

kayu bakar

καυσόξυλα

filem

ταινία

hi-fi

στερεοφωνικό σύστημα

kunci

κλειδί

koran

εφημερίδα

lukisan

πίνακας ζωγραφικής

poster

αφίσα

radio

ραδιόφωνο

buku tulis

σημειωματάριο

penyedot debu

ηλεκτρική σκούπα

kaktus

κάκτος

lilin

κερί

dapur
κουζίνα

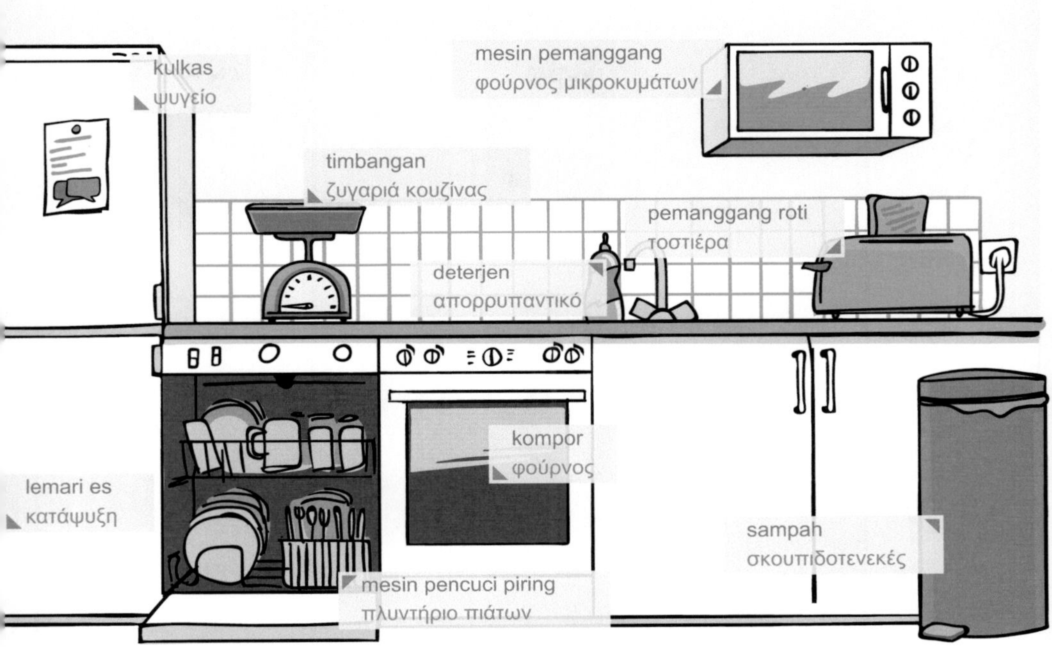

kulkas
ψυγείο
mesin pemanggang
φούρνος μικροκυμάτων
timbangan
ζυγαριά κουζίνας
pemanggang roti
τοστιέρα
deterjen
απορρυπαντικό
kompor
φούρνος
lemari es
κατάψυξη
sampah
σκουπιδοτενεκές
mesin pencuci piring
πλυντήριο πιάτων

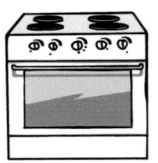

kompor
κουζίνα

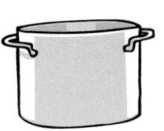

panci
κατσαρόλα

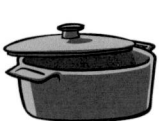

panci besi
μαντεμένια κατσαρόλα

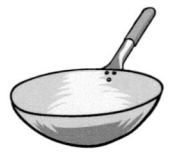

wajan
γουόκ/καντάι

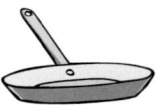

panci
τηγάνι

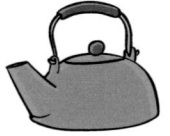

pemanas air
βραστήρας

panci pengukus makanan

ατμομάγειρας

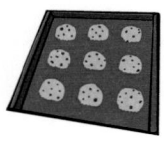

nampan

ταψί

piring

πιατικά

cangkir

κούπα

mangkok

μπολ

sumpit

ξυλάκια

sendok sup

κουτάλα

sudip

σπάτουλα

mengocok

ανακατεύω

saringan

σουρωτήρι

saringan

σουρωτηράκι

parutan

τρίφτης

mortir

γουδί

barbeque

ψησταριά

api terbuka

ανοιχτή φωτιά

dapur - κουζίνα

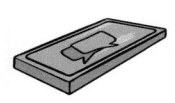

papan memotong

σανίδα κοπής

gilingan

πλάστης

alat pembuka botol

ανοιχτήρι φελλών

kaleng

κονσέρβα

pembuka kaleng

ανοιχτήρι κονσέρβας

pegangan panci

γάντι φούρνου

wastafel

νεροχύτης

sikat

βούρτσα

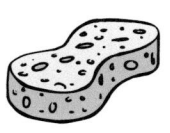

busa

σφουγγάρι

mesin pencampur

μπλέντερ

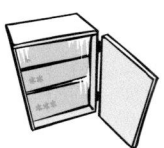

lemari es

καταψύκτης

botol bayi

μπιμπερό

keran

βρύση

kamar mandi

μπάνιο

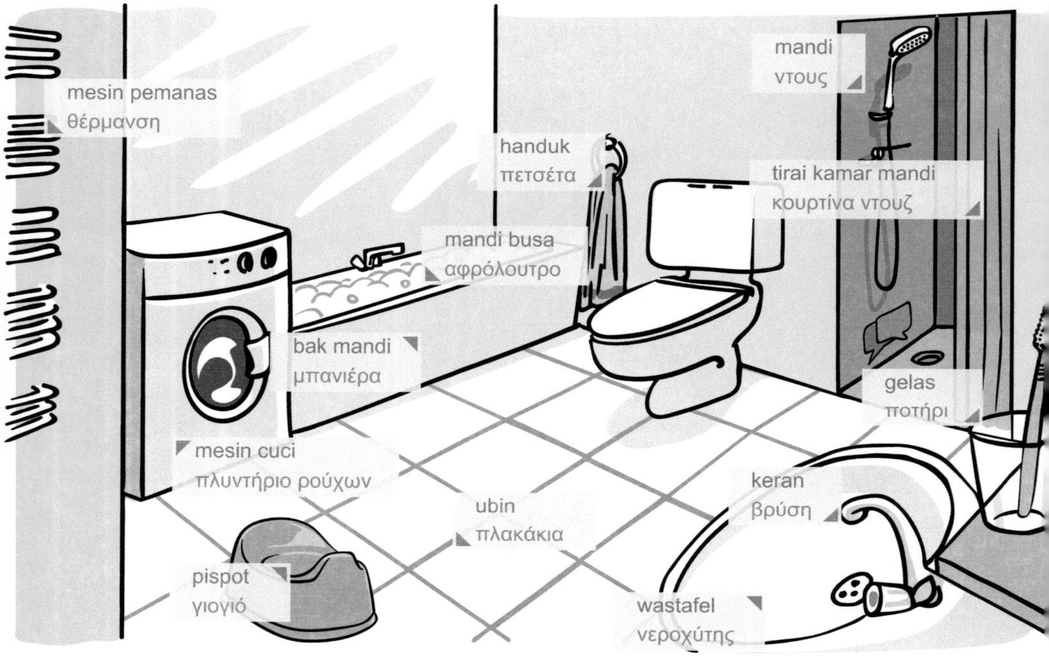

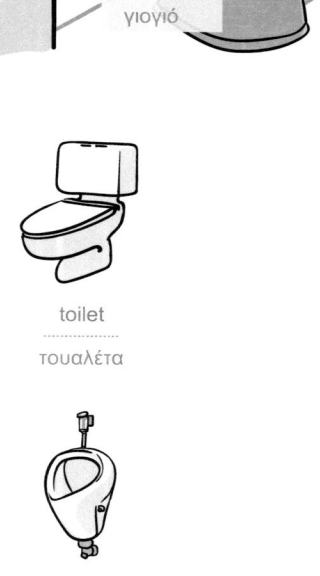

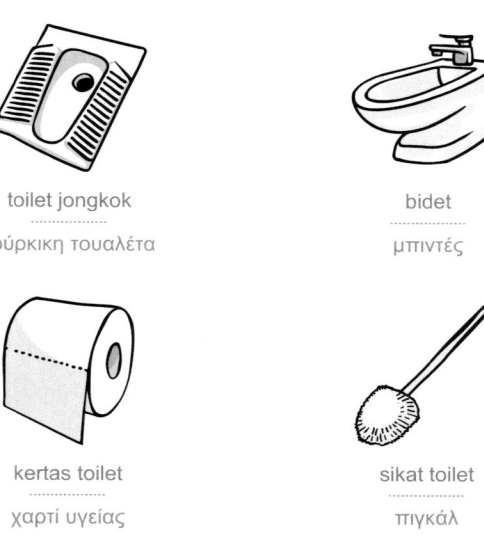

mesin pemanas
θέρμανση
handuk
πετσέτα
mandi
ντους
tirai kamar mandi
κουρτίνα ντουζ
mandi busa
αφρόλουτρο
bak mandi
μπανιέρα
gelas
ποτήρι
mesin cuci
πλυντήριο ρούχων
keran
βρύση
ubin
πλακάκια
pispot
γιογιό
wastafel
νεροχύτης

toilet

τουαλέτα

toilet jongkok

τούρκικη τουαλέτα

bidet

μπιντές

pissoir

ουρητήριο

kertas toilet

χαρτί υγείας

sikat toilet

πιγκάλ

sikat gigi

οδοντόβουρτσα

pasta gigi

οδοντόκρεμα

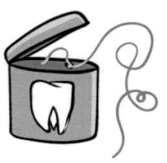

benang gigi

οδοντικό νήμα

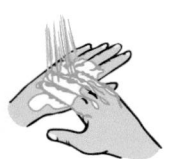

menyuci

πλένω

pancuran tangan

τηλέφωνο ντους

pancuran

ντουσιέρα

bak

λεκάνη

sikat punggung

βούρτσα πλάτης

sabun

σαπούνι

gel mandi

αφρόλουτρο

sampo

σαμπουάν

planel

φανέλα

kuras

σιφόνι

krim

κρέμα

deodoran

αποσμητικό

kaca

καθρέφτης

cermin tangan

καθρέφτης χειρός

pisau cukur

ξυραφάκι

busa cukur

αφρός ξυρίσματος

aftershave

αφτερσέιβ

sisir

χτένα

sikat

βούρτσα

alat pengering rambut

σεσουάρ

semprot rambut

λακ

makeup

μακιγιάζ

lipstik

κραγιόν

cat kuku

βερνίκι νυχιών

kapas

βαμβάκι

gunting kuku

ψαλίδι νυχιών

minyak wangi

άρωμα

kantong pencuci

νεσεσέρ

bangku

σκαμπό

timbangan

ζυγαριά

mantel mandi

μπουρνούζι

sarung tangan karet

ελαστικά γάντια

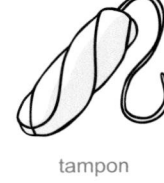
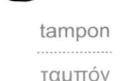

tampon

ταμπόν

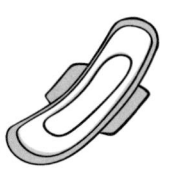

handuk pembalut

πετσέτα υγιεινής

toilet kimia

χημική τουαλέτα

kamar anak

παιδικό δωμάτιο

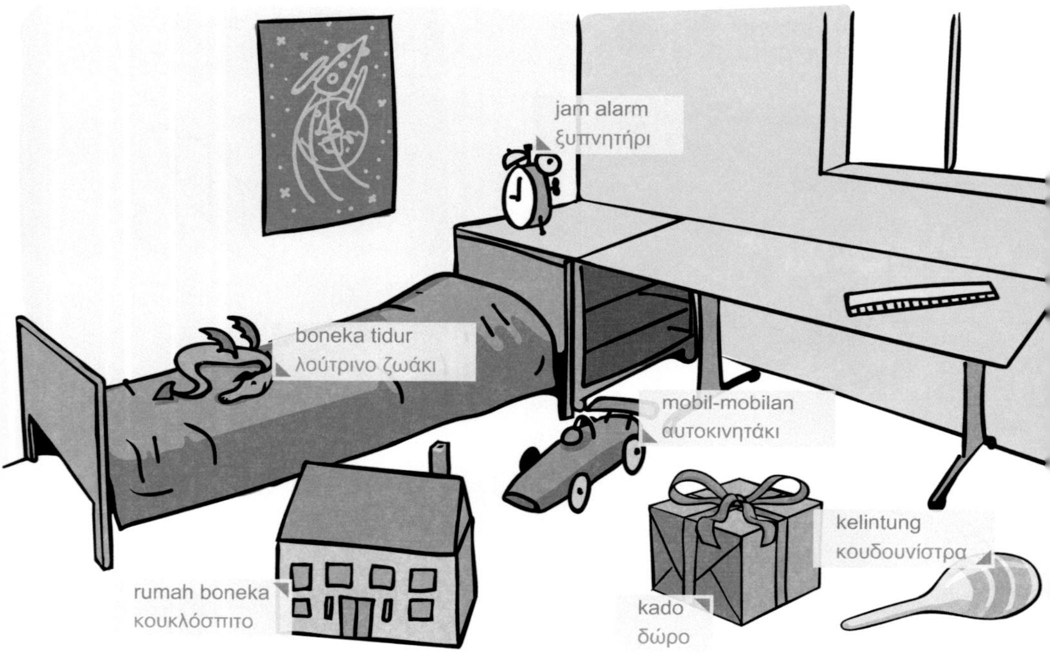
jam alarm
ξυπνητήρι
boneka tidur
λούτρινο ζωάκι
mobil-mobilan
αυτοκινητάκι
kelintung
κουδουνίστρα
rumah boneka
κουκλόσπιτο
kado
δώρο

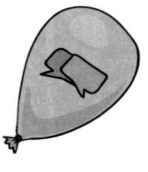

balon

μπαλόνι

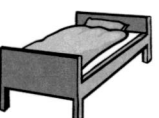

tempat tidur

κρεβάτι

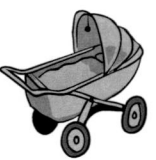

kereta bayi

καροτσάκι

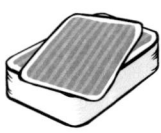

mainan kartu

τράπουλα

teka-teki

παζλ

SUPER
MEGA

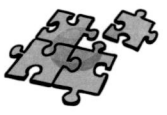

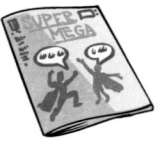

komik

κόμικς

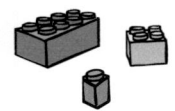

mainan lego

τουβλάκια lego

blok mainan

τουβλάκια κατασκευών

figur aksi

φιγούρα δράσης

baju monyet

βρεφικό φορμάκι

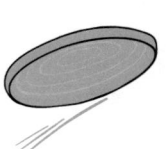

frisbee

φρίσμπι

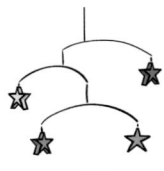

mobile

μόμπιλο

permainan papan

επιτραπέζιο παιχνίδι

dadu

ζάρια

set model kreta api

σετ τρενάκι

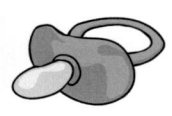

dot

πιπίλα

pesta

πάρτι

buku gambar

εικονογραφημένο βιβλίο

bola

μπάλα

boneka

κούκλα

bermain

παίζω

tempat main pasir

σκάμμα με άμμο

ayunan

κούνια

mainan

παιχνίδια

video game konsol

κονσόλα βιντεοπαιχνιδιών

sepeda roda tiga

τρίκυκλο

teddy

αρκουδάκι

lemari pakaian

ντουλάπα

pakaian

ρούχα

kaos kaki

κάλτσες

kaos kaki

καλτσοδέτες

baju ketat

καλσόν

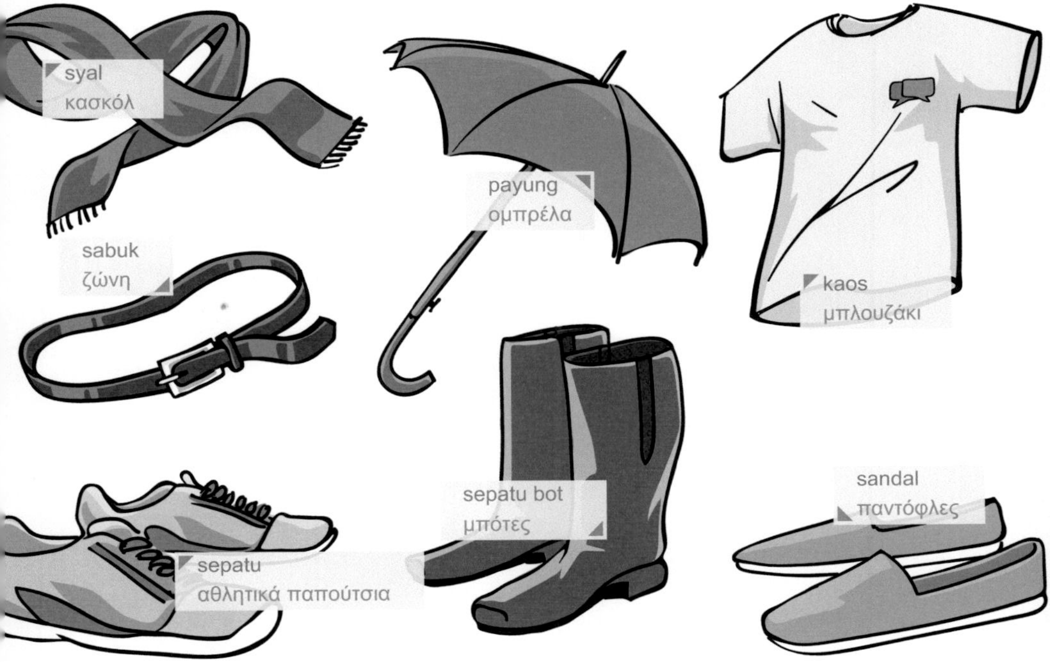

syal
κασκόλ

payung
ομπρέλα

kaos
μπλουζάκι

sabuk
ζώνη

sepatu bot
μπότες

sandal
παντόφλες

sepatu
αθλητικά παπούτσια

sandal

σανδάλια

sepatu

παπούτσια

sepatu bot karet

γαλότσες

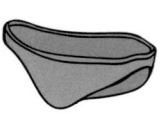

celana dalam

εσώρουχο

BH

σουτιέν

baju rompi

φανέλα

body

σώμα

celana

παντελόνι

jeans

τζιν παντελόνι

rok

φούστα

blus

μπλούζα

kemeja

πουκάμισο

aket berkerudung

πουλόβερ

sweater

πουλόβερ

jaket

σακάκι

jaket

μπουφάν

mantel

παλτό

jas hujan

αδιάβροχο πανωφόρι

kostum

κοστούμι

gaun

φόρεμα

gaun pengantin

νυφικό

setelan resmi

κοστούμι

gaun tidur

νυχτικό

piyama

πιτζάμες

sari

σάρι

jilbab

μαντήλι

turban

τουρμπάνι

burka

μπούρκα

kaftan

καφτάνι

abaya

μουσουλμανικό ένδυμα

pakaian renang

ολόσωμο μαγιό

celana renang

ανδρικό μαγιό

celana pendek

σορτς

olah raga

αθλητική φόρμα

celemek

ποδιά

sarung tangan

γάντια

kancing

κουμπί

kacamata

γυαλιά

gelang

βραχιόλι

kalung

περιδέραιο

cincin

δαχτυλίδι

anting

σκουλαρίκι

topi

καπέλο

gantungan mantel

κρεμάστρα

topi

καπέλο

dasi

γραβάτα

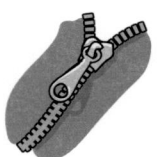

ritsleting

φερμουάρ

helm

κράνος

tali selempang

τιράντες

seragam sekolah

μαθητική στολή

seragam

στολή

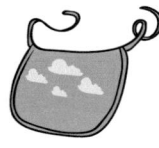

oto

σαλιάρα

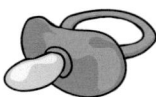

dot

πιπίλα

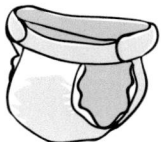

popok

πάνα

kantor

γραφείο

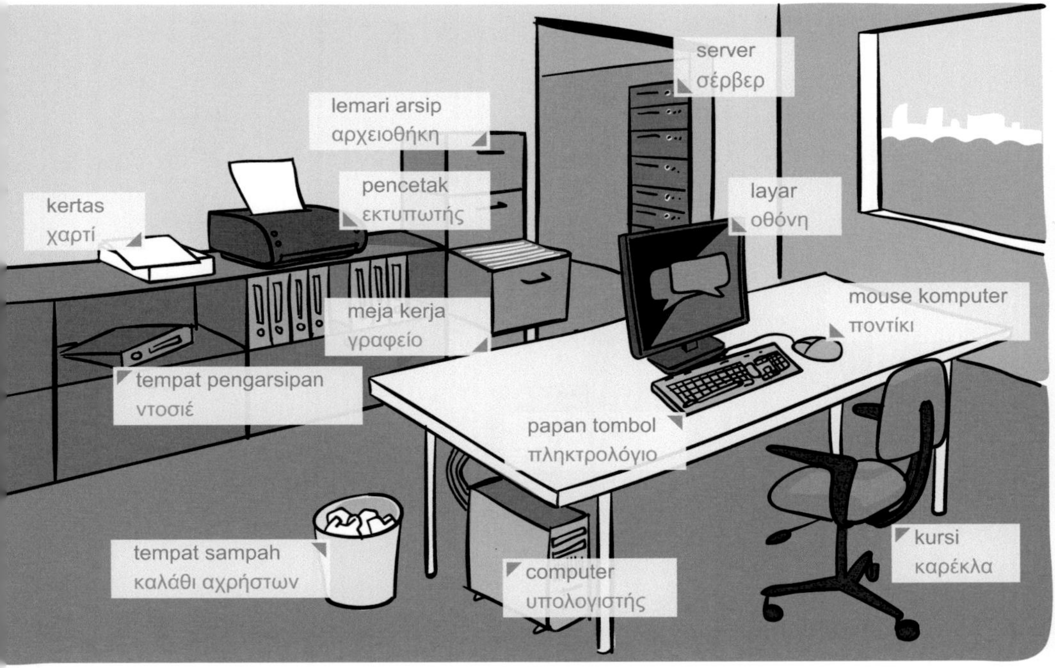
server
σέρβερ
lemari arsip
αρχειοθήκη
pencetak
εκτυπωτής
kertas
χαρτί
layar
οθόνη
mouse komputer
ποντίκι
meja kerja
γραφείο
tempat pengarsipan
ντοσιέ
papan tombol
πληκτρολόγιο
tempat sampah
καλάθι αχρήστων
computer
υπολογιστής
kursi
καρέκλα

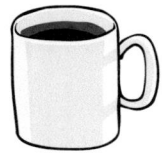

cangkir kopi

κούπα του καφέ

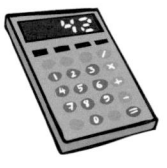

kalkulator

κομπιουτεράκι

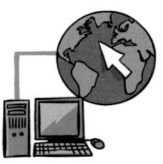

internet

ίντερνετ

laptop

λάπτοπ

surat

γράμμα

pesan

μήνυμα

telepon seluler

κινητό

jaringan

δίκτυο

fotokopi

φωτοτυπικό μηχάνημα

software

λογισμικό

telepon

τηλέφωνο

plug soket

πρίζα

mesin fax

συσκευή φαξ

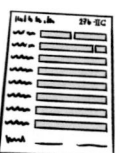

formulir

έντυπο

dokumen

έγγραφο

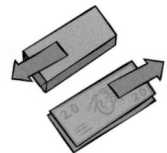

membeli

αγοράζω

membayar

πληρώνω

berdagang

συναλλάσσομαι

uang

χρήματα

Dollar

δολάριο

Euro

ευρώ

Yen

γιεν

Rubel

ρούβλι

Franc Swiss

ελβετικό φράγκο

Renminbi Yuan

ρενμίνμπι γιουάν

Rupiah

ρουπία

ATM

ATM (αυτόματη ταμειακή μηχανή)

kantor pertukaran mata uang

ανταλλακτήρια συναλλάγματος

emas

χρυσός

perak

ασήμι

minyak

πετρέλαιο

energi

ενέργεια

harga

τιμή

kontrak

συμβόλαιο

pajak

φόρος

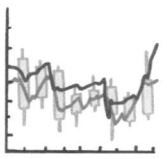

saham

μετοχή

bekerja

δουλεύω

karyawan

υπάλληλος

majikan

εργοδότης

pabrik

εργοστάσιο

toko

κατάστημα

pekerjaan
επαγγέλματα

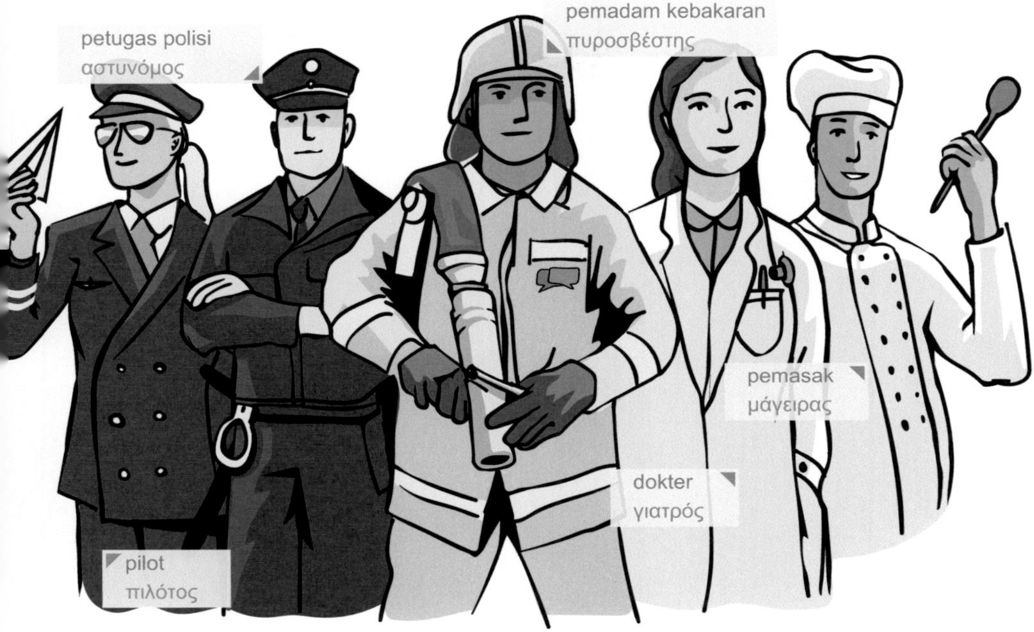

petugas polisi
αστυνόμος
pemadam kebakaran
πυροσβέστης
pemasak
μάγειρας
dokter
γιατρός
pilot
πιλότος

tukan kebun

κηπουρός

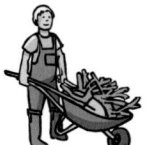

tukang kayu

ξυλουργός

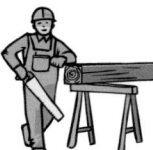

penjahit wanita

μοδίστρα

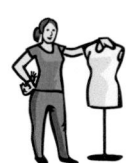

hakim

δικαστής

ahli kimia

χημικός

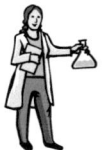

aktor

ηθοποιός

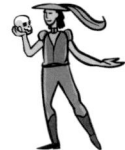

sopir bis

οδηγός λεωφορείου

sopir taksi

ταξιτζής

nelayan

ψαράς

pembantu

καθαρίστρια

tukang atap

τεχνίτης στεγών

pelayan

σερβιτόρος

pemburu

κυνηγός

pelukis

ζωγράφος

tukang roti

αρτοποιός

tukang listrik

ηλεκτρολόγος

pembangun

οικοδόμος

insinyur

μηχανολόγος

tukang daging

κρεοπώλης

tukang ledeng

υδραυλικός

tukang pos

ταχυδρόμος

tentara

στρατιώτης

arsitek

αρχιτέκτονας

kasir

ταμίας

penjual bunga

ανθοπώλης

penata rambut

κομμωτής

konduktor

ελεγκτής εισιτηρίων

montir

μηχανικός

kapten

καπετάνιος

dokter gigi

οδοντίατρος

ilmuwan

επιστήμονας

rabbi

ραβίνος

imam

ιμάμης

biarawan

μοναχός

pendeta

ιερέας

alat

εργαλεία

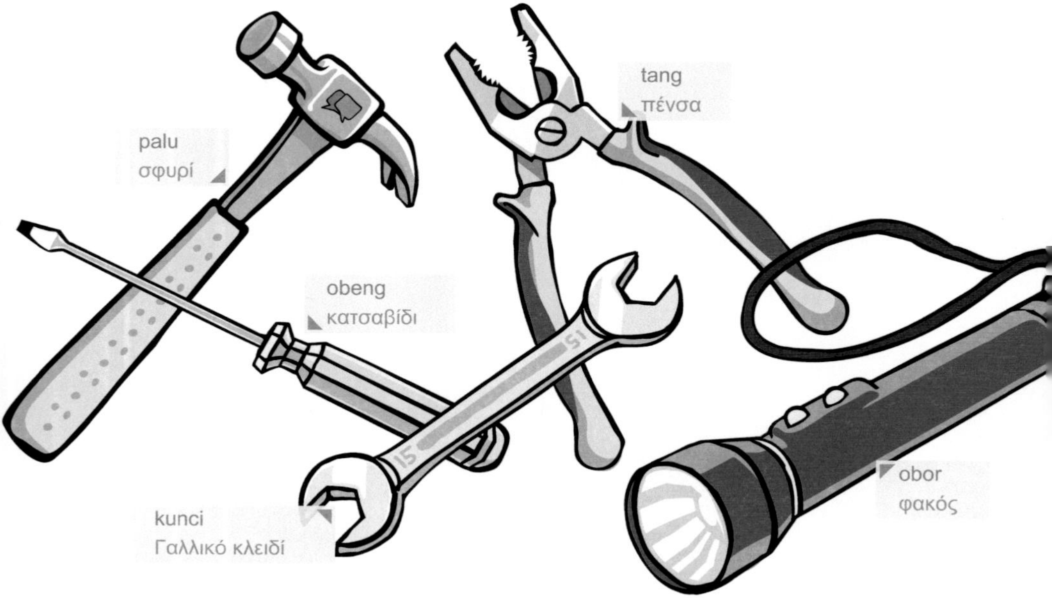
tang
πένσα
palu
σφυρί
obeng
κατσαβίδι
kunci
Γαλλικό κλειδί
obor
φακός

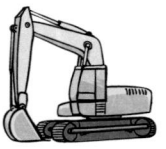

penggali

εκσκαφέας

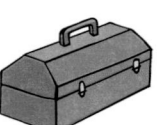

tas perkakas

εργαλειοθήκη

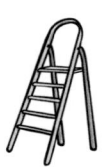

tangga

σκάλα

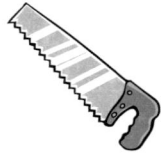

gergaji

πριόνι

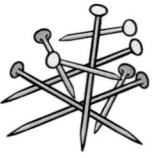

paku

καρφιά

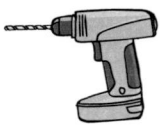

bor

τρυπάνι

perbaikan

επισκευάζω

sekop

φτυάρι

Sialan!

Να πάρει!

cikrak

φαράσι

pot cat

δοχείο χρωμάτων

sekrup

βίδες

alat musik
μουσικά όργανα

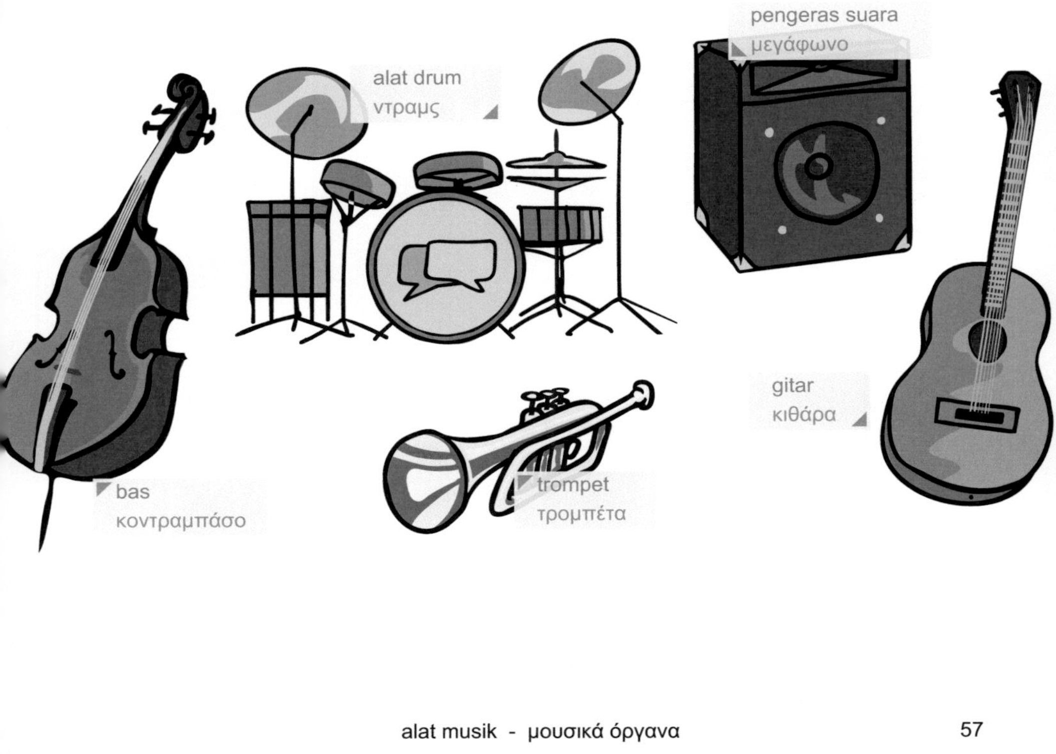

alat drum
ντραμς

pengeras suara
μεγάφωνο

gitar
κιθάρα

bas
κοντραμπάσο

trompet
τρομπέτα

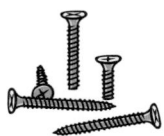

piano

πιάνο

violin

βιολί

bass

μπάσο

tambur

τύμπανα

drum

τύμπανο

keyboard

πλήκτρα

saksofon

σαξόφωνο

suling

φλάουτο

mikrofon

μικρόφωνο

kebun binatang
ζωολογικός κήπος

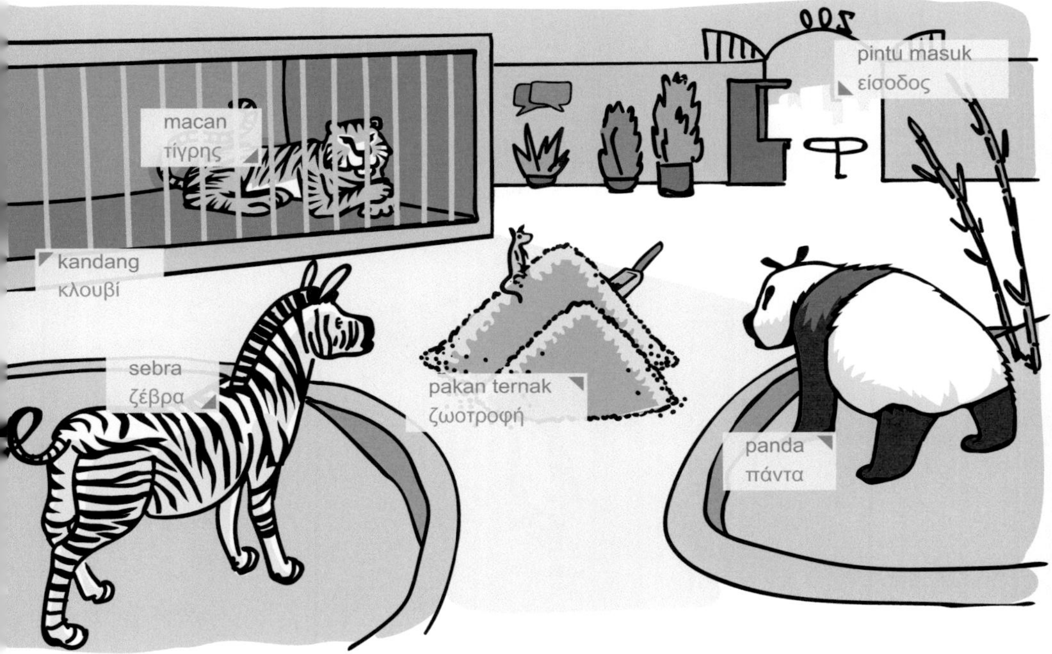

pintu masuk
είσοδος
macan
τίγρης
kandang
κλουβί
sebra
ζέβρα
pakan ternak
ζωοτροφή
panda
πάντα

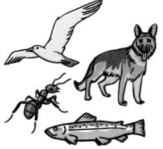

hewan
ζώα

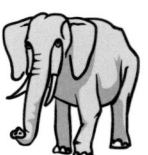

gajah
ελέφαντας

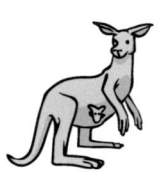

kanguru
καγκουρό

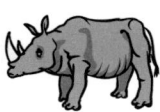

badak
ρινόκερος

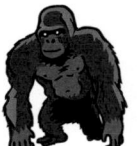

gorila
γορίλας

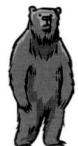

beruang
αρκούδα

unta

καμήλα

burung unta

στρουθοκάμηλος

singa

λιοντάρι

monyet

πίθηκος

flamingo

φλαμίνγκο

burung beo

παπαγάλος

beruang polar

πολική αρκούδα

penguin

πιγκουίνος

hiu

καρχαρίας

merak

παγώνι

ular

φίδι

buaya

κροκόδειλος

penjaga kebun binatang

φύλακας ζωολογικού κήπου

segel

φώκια

jaguar

τζάγκουαρ

kebun binatang - ζωολογικός κήπος

kuda poni

πόνυ

macan tutul

λεοπάρδαλη

kuda nil

ιπποπόταμος

jerapah

καμηλοπάρδαλη

burung elang

αετός

babi jantan

αγριογούρουνο

ikan

ψάρι

kura-kura

χελώνα

anjing laut

θαλάσσιος ίππος

rubah

αλεπού

kijang

γαζέλα

american football
Αμερικάνικο ποδόσφαιρο

naik sepeda
ποδηλασία

tennis
αντισφαίριση

basketbal
μπάσκετ

bernang
κολύμβηση

tinju
πυγχαμία

hoki es
χόκεϋ επί πάγου

sepak bola
ποδόσφαιρο

badminton
μπάντμιντον

atletik
στίβος

bola tangan
χάντμπολ

main ski
σκι

polo
πόλο

aktivitas
δραστηριότητες

ketawa
γελάω
meloncat
πηδάω
memeluk
αγκαλιάζω
berjalan
περπατάω
menyanyi
τραγουδάω
mengimpi
ονειρεύομαι
berdoa
προσεύχομαι
mencium
φιλάω

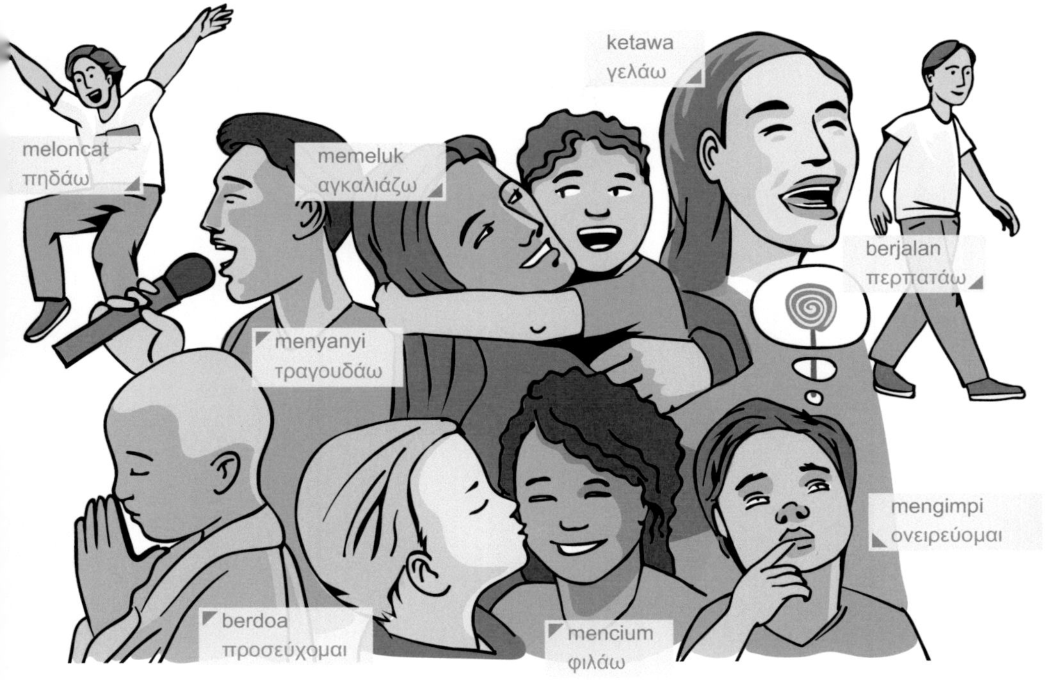

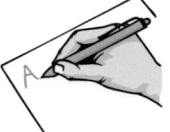

menulis

γράφω

melukis

σχεδιάζω

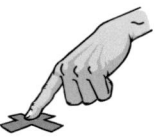

menunjuk

δείχνω

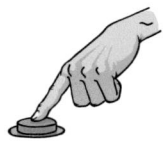

mendorong

πιέζω

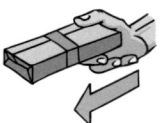

memberikan

δίνω

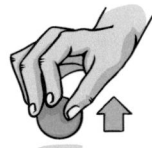

mengambil

παίρνω

mempunyai

έχω

melakukan

κάνω

adalah

είμαι

berdiri

στέκομαι

berlari

τρέχω

menarik

τραβάω

melempar

ρίχνω

jatuh

πέφτω

tidur

ξαπλώνω

menunggu

περιμένω

membawa

κουβαλώ

duduk

κάθομαι

berpakaian

φοράω

tidur

κοιμάμαι

bangun

ξυπνάω

melihat

κοιτάω

menangis

κλαίω

mengelus

χαϊδεύω

menyisir

χτενίζω

berbicara

μιλάω

mengerti

καταλαβαίνω

menanyak

ρωτάω

mendengar

ακούω

minum

πίνω

makan

τρώω

merapikan

συγυρίζω

cinta

αγαπάω

memasak

μαγειρεύω

menyetir

οδηγώ

terbang

πετάω

berlayar

κάνω ιστιοπλοΐα

menghitung

υπολογίζω

membaca

διαβάζω

belajar

μαθαίνω

bekerja

δουλεύω

menikah

παντρεύομαι

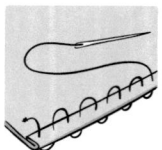

menjahit

ράβω

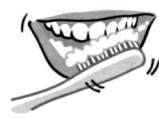

sikat gigi

βουρτσίζω τα δόντια

membunuh

σκοτώνω

merokok

καπνίζω

kirim

στέλνω

nenek
γιαγιά

kakek
παππούς

bapak
πατέρας

ibu
μητέρα

bayi
μωρό

putri
κόρη

putra
γιος

tamu

καλεσμένος

bibi

θεία

paman

θείος

kakak laki

αδελφός

kakak perempuan

αδελφή

badan

σώμα

dahi
μέτωπο
mata
μάτι
bahu
ώμος
jari
δάχτυλο
muka
πρόσωπο
dagu
πιγούνι
tangan
χέρι
payudara
στήθος
kaki
πόδι
lengan
βραχίονας

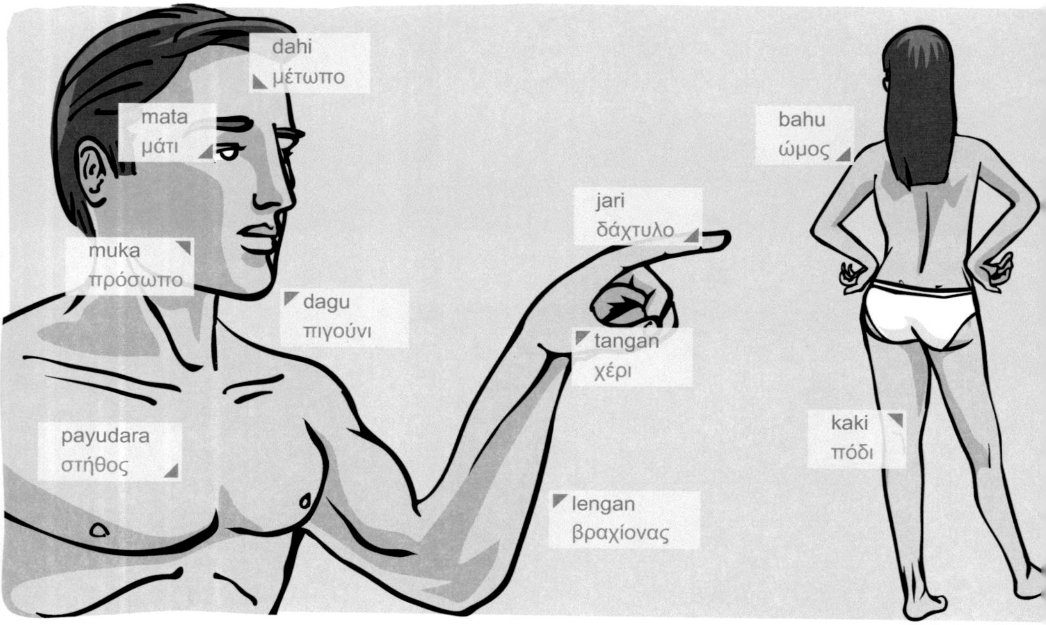

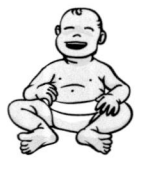

bayi

μωρό

pria

άνδρας

wanita

γυναίκα

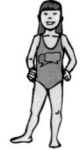

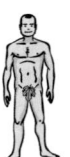

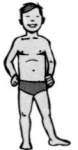

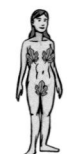

perempuan

κορίτσι

laki

αγόρι

kepala

κεφάλι

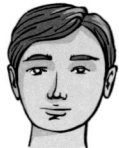

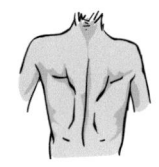

punggung

πλάτη

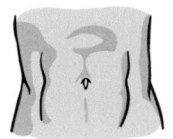

perut

κοιλιά

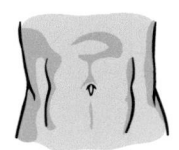

pusar

αφαλός

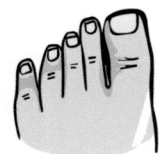

toe

δάχτυλο ποδιού

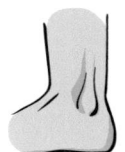

tumit

φτέρνα

tulang

κόκκαλο

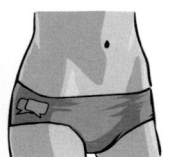

pinggang

γοφός

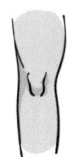

lutut

γόνατο

siku

αγκώνας

hidung

μύτη

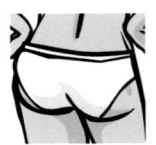

pantat

γλουτός

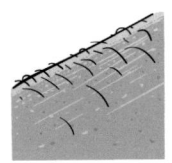

kulit

δέρμα

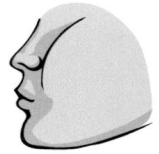

pipi

μάγουλο

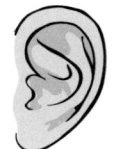

telinga

αυτί

bibir

χείλος

mulut

στόμα

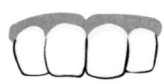

gigi

δόντι

lidah

γλώσσα

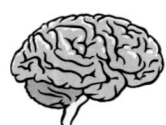

otak

εγκέφαλος

jantung

καρδιά

otot

μυς

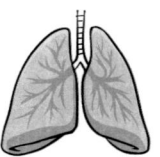

paru-paru

πνεύμονας

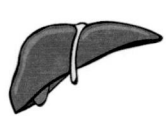

hati

συκώτι

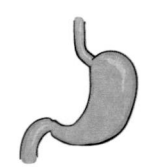

stomach

στομάχι

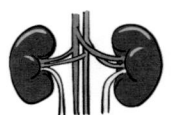

ginjal

νεφρά

hubungan seks

σεξουαλική επαφή

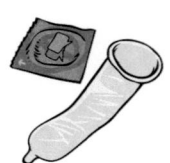

kondom

προφυλακτικό

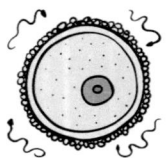

sel telur

ωάριο

sperma

σπέρμα

kehamilan

εγκυμοσύνη

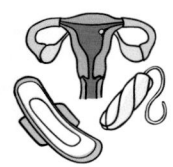

menstruasi

περίοδος

vagina

γυναικείος κόλπος

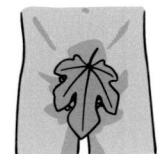

penis

πέος

alis

φρύδι

rambut

μαλλιά

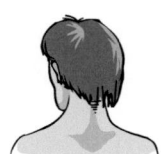

leher

λαιμός

rumah sakit
νοσοκομείο

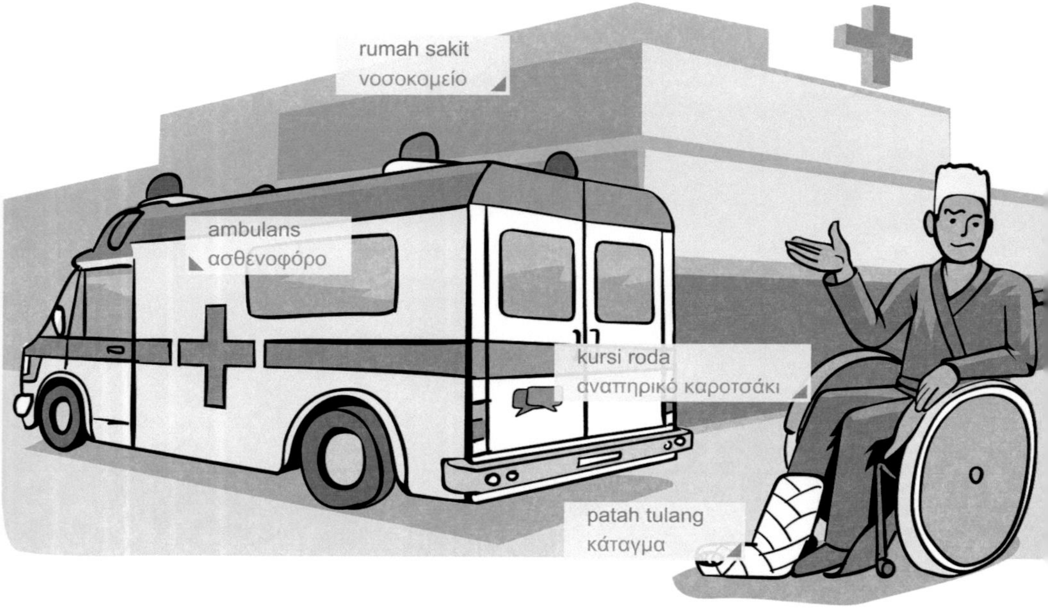

rumah sakit
νοσοκομείο
ambulans
ασθενοφόρο
kursi roda
αναπηρικό καροτσάκι
patah tulang
κάταγμα

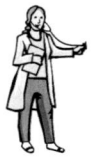

dokter

γιατρός

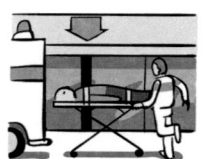

ruang darurat

μονάδα εντατικής θεραπείας

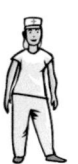

perawat

νοσοκόμα

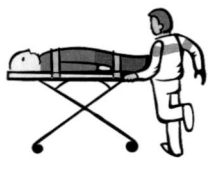

darurat

έκτακτη ανάγκη

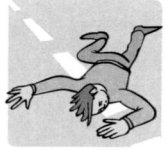

semaput

λιπόθυμος

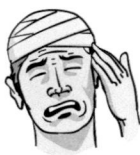

sakit

πόνος

cedera
τραύμα

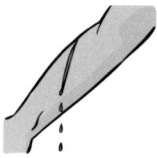

perdarahan
αιμορραγία

serangan jantung
έμφραγμα

stroke
εγκεφαλικό

alergi
αλλεργία

batuk
βήχας

demam
πυρετός

flu
γρίπη

diare
διάρροια

sakit kepala
πονοκέφαλος

kanker
καρκίνος

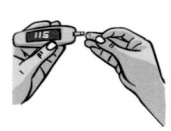

diabetes
διαβήτης

ahli bedah
χειρουργός

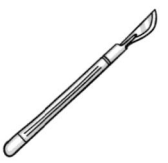

pisau bedah
νυστέρι

operasi
εγχείρηση

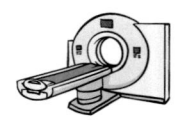

CT

αξονική τομογραφία

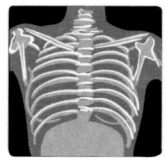

sinar x

ακτινογραφία

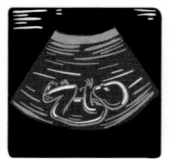

usg

υπέρηχος

topeng

μάσκα

penyakit

ασθένεια

ruang tunggu

αίθουσα αναμονής

penyokong

πατερίτσα

plester

χάνσαπλαστ

perban

επίδεσμος

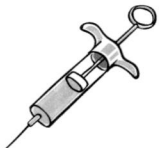

injeksi

ένεση

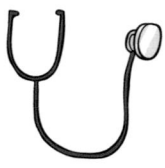

stetoskop

στηθοσκόπιο

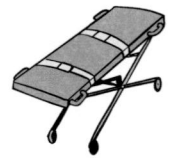

usungan

φορείο

termometer klinis

θερμόμετρο

kelahiran

γέννηση

kelebihan berat badan

υπέρβαρο

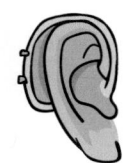

alat pendengar

ακουστικό βαρηκοΐας

desinfektan

αντισηπτικό

infeksi

λοίμωξη

virus

ιός

HIV / AIDS

HIV/AIDS

obat

φάρμακο

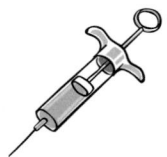

vaksinasi

εμβολιασμός

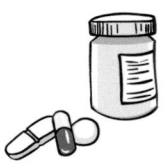

tablet

δισκία

pil

χάπι

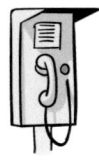

panggilan darurat

κλήση έκτακτης ανάγκης

ukur tekanan darah

πιεσόμετρο αίματος

sakit / sehat

άρρωστος / υγιής

Tolong!
Βοήθεια!

alarm
συναγερμός

penyerbuan
βιαιοπραγία

serangan
επίθεση

bahaya
κίνδυνος

pintu darurat
έξοδος κινδύνου

Api!
Φωτιά!

alat pemadam kebakaran
πυροσβεστήρας

kecelakaan
ατύχημα

kit pertolongan pertama
κουτί πρώτων βοηθειών

SOS
SOS

polisi
αστυνομία

bumi
Γη

Eropa

Ευρώπη

Amerika Utara

Βόρεια Αμερική

Amerika Selatan

Νότια Αμερική

Afrika

Αφρική

Asia

Ασία

Australi

Αυστραλία

Atlantik

Ατλαντικός Ωκεανός

Pasifik

Ειρηνικός Ωκεανός

Samudra India

Ινδικός Ωκεανός

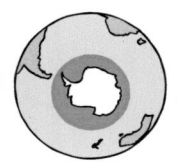

Samudra Antartika

Ανταρκτικός Ωκεανός

Samudra Arktik

Αρκτικός Ωκεανός

kutub utara

Βόρειος Πόλος

kutub selatan

Νότιος Πόλος

Antarktika

Ανταρκτική

bumi

Γη

tanah

γη

laut

θάλασσα

pulau

νησί

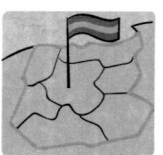

bangsa

έθνος

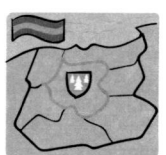

negara

πολιτεία

jam wajah

καντράν ρολογιού

jarum pendek

ωροδείκτης

jarum menit

λεπτοδείκτης

jarum detik

δείκτης δευτερολέπτων

Jam berapa?

Τι ώρα είναι;

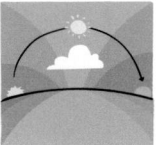

hari

ημέρα

waktu

χρόνος

sekarang

τώρα

jam digital

ψηφιακό ρολόι

menit

λεπτό

jam

ώρα

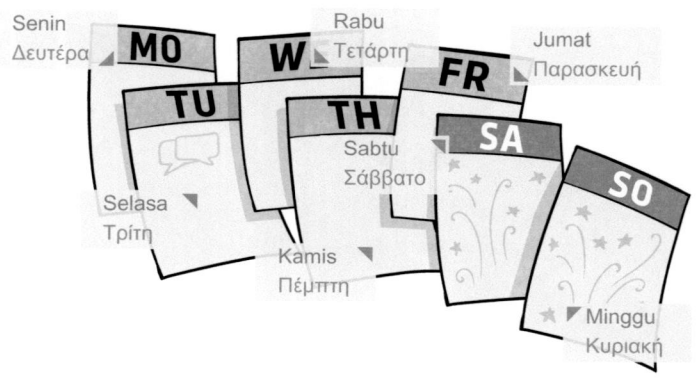

Senin — Δευτέρα
MO

TU

W — Rabu — Τετάρτη

TH

FR — Jumat — Παρασκευή

Selasa — Τρίτη

Kamis — Πέμπτη

Sabtu — Σάββατο

SA

SO

Minggu — Κυριακή

kemaren

χθες

hari ini

σήμερα

besok

αύριο

pagi

πρωί

siang

μεσημέρι

malam

βράδυ

hari kerja

εργάσιμες ημέρες

akhir minggu

Σαββατοκύριακο

hujan
βροχή

pelangi
ουράνιο τόξο

salju
χιόνι

angin
άνεμος

musim semi
άνοιξη

musim panas
καλοκαίρι

musim gugur
φθινόπωρο

musim dingin
χειμώνας

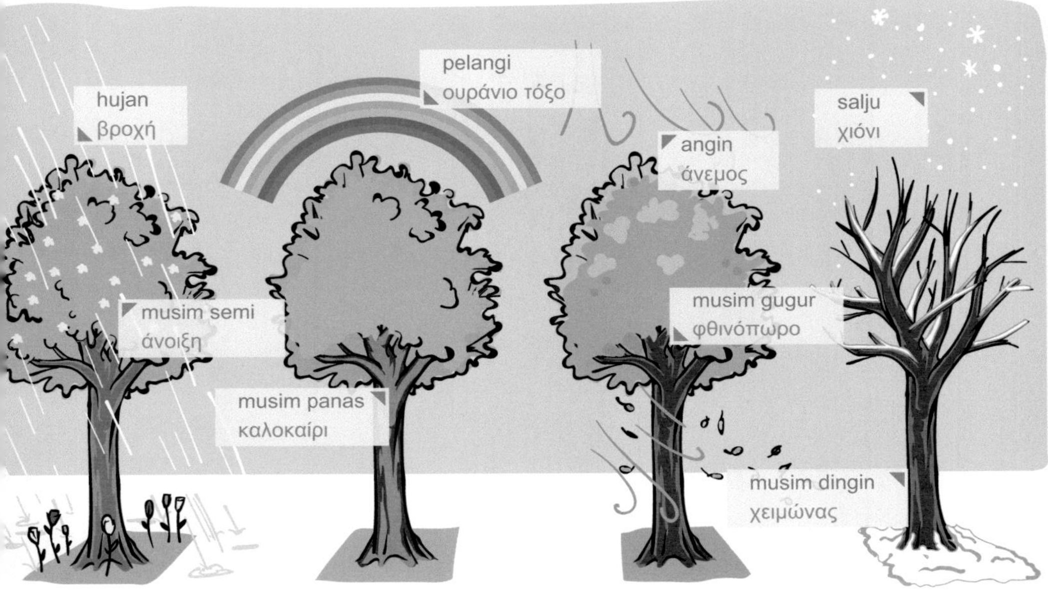

ramalan cuaca

πρόγνωση καιρού

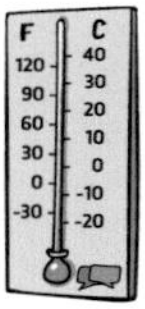

termometer

θερμόμετρο

matahari

λιακάδα

awan

σύννεφο

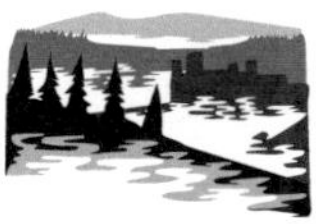

kabut

ομίχλη

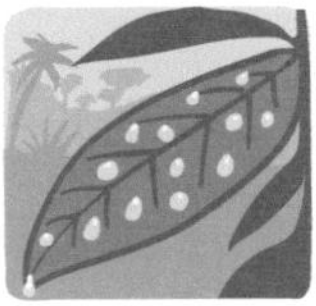

kelembahan

υγρασία

kilat

αστραπή

guntur

κεραυνός

badai

καταιγίδα

hujan es

χαλάζι

monsun

μουσώνας

banjir

πλημμύρα

es

πάγος

Januari

Ιανουάριος

Februari

Φεβρουάριος

Maret

Μάρτιος

April

Απρίλιος

Mei

Μάιος

Juni

Ιούνιος

Juli

Ιούλιος

Agustus

Αύγουστος

tahun - έτος

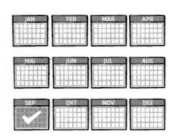

September

Σεπτέμβριος

Oktober

Οκτώβριος

November

Νοέμβριος

Desember

Δεκέμβριος

bentuk

σχήματα

lingkaran

κύκλος

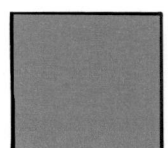

persegi

τετράγωνο

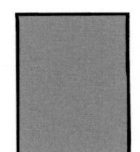

persegi panjang

ορθογώνιο
παραλληλόγραμμο

segi tiga

τρίγωνο

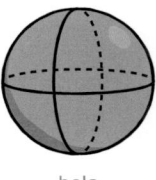

bola

σφαίρα

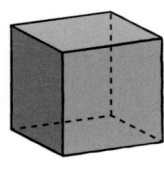

kubus

κύβος

putih

άσπρο

kuning

κίτρινο

oranye

πορτοκαλί

pink

ροζ

merah

κόκκινο

ungu

μωβ

biru

μπλε

hijau

πράσινο

coklat

καφέ

abu-abu

γκρι

hitam

μαύρο

banyak / sedikit

πολύ / λίγο

marah / tenang

θυμωμένος / ήρεμος

cantik / jelek

όμορφος / άσχημος

mulaih / selesai

αρχή / τέλος

besar / kecil

μεγάλος / μικρός

terang / gelap

φωτεινός / σκοτεινός

saudara laki-laki / saudara perempuan

αδελφός / αδελφή

bersih / kotor

καθαρός / λερωμένος

lengkap / tidak lengkap

πλήρης / ατελής

hari / malam

ημέρα / νύχτα

mati / hidup

νεκρός / ζωντανός

luas / sempit

φαρδύς / στενός

dapat dimakan / tidak dapat dimakan

βρώσιμος / μη βρώσιμος

jahat / baik

κακός / ευγενικός

bersemangat / bosan

ενθουσιασμένος / βαριεστημένος

gemuk / kurus

παχύς / λεπτός

pertama / terakhir

πρώτος / τελευταίος

teman / musuh

φίλος / εχθρός

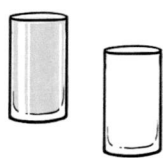

penuh / kosong

γεμάτος / άδειος

keras / lembut

σκληρός / μαλακός

berat / enteng

βαρύς / ελαφρύς

lapar / haus

πείνα / δίψα

sakit / sehat

άρρωστος / υγιής

ilegal / legal

παράνομος / νόμιμος

cerdas / bodoh

έξυπνος / χαζός

kiri / kanan

αριστερός / δεξιός

dekat / jauh

κοντινός / μακρινός

baru / bekas

καινούριος /
μεταχειρισμένος

tidak ada apapun / sesuatu

τίποτα / κάτι

tua / muda

γέρος | νέος

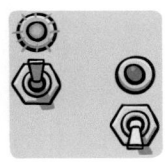

nyala / mati

αναμμένος / σβηστός

buka / tutup

ανοιχτός / κλειστός

tenang / keras

χαμηλόφωνος /
μεγαλόφωνος

kaya / miskin

πλούσιος / φτωχός

benar / salah

σωστός / λανθασμένος

kasar / halus

τραχύς / λείος

sedih / gembira

λυπημένος / χαρούμενος

pendek / panjang

κοντός / μακρύς

pelan-pelan / cepat

αργός / γρήγορος

basah / kering

υγρός / στεγνός

hangat / sejuk

ζεστός / δροσερός

perang / damai

πόλεμος / ειρήνη

0

nol

μηδέν

1

satu

ένα

2

dua

δύο

3

tiga

τρία

4

empat

τέσσερα

5

lima

πέντε

6

enam

έξι

7

tujuh

εφτά

8

delapan

οκτώ

9

sembilan

εννιά

10

sepuluh

δέκα

11

sebelas

έντεκα

12

duabelas

δώδεκα

13

tigabelas

δεκατρία

14

empatbelas

δεκατέσσερα

15

limabelas

δεκαπέντε

16

enambelas

δεκαέξι

17

tujuhbelas

δεκαεφτά

18

delapanbelas

δεκαοκτώ

19

sembilanbelas

δεκαεννέα

20

duapuluh

είκοσι

100

seratus

εκατό

1.000

seribu

χίλια

1.000.000

juta

εκατομμύριο

Inggris

Αγγλικά

bahasa Inggris Amerika

Αμερικάνικα Αγγλικά

bahasa Cina Mandarin

Μανδαρίνικα Κινέζικα

bahasa Hindi

Χίντι

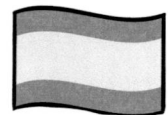

bahasa Spanyol

Ισπανικά

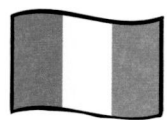

bahasa Perancis

Γαλλικά

bahasa Arab

Αραβικά

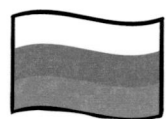

bahasa Rusia

Ρώσικα

bahasa Portugis

Πορτογαλικά

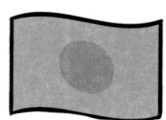

bahasa Bengal

Μπενγκάλι

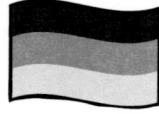

bahasa Jerman

Γερμανικά

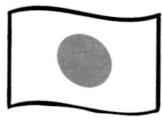

bahasa Jepang

Ιαπωνικά

saya

εγώ

kamu

εσύ

dia

αυτός / αυτή / αυτό

kita

εμείς

kalian

εσείς

mereka

αυτοί / αυτές / αυτά

siapa?

ποιος / ποια / ποιο;

apa?

τι;

begaimana?

πώς;

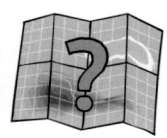

dimana?

πού;

kapan?

πότε;

nama

όνομα

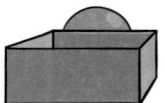

dibelakang

πίσω

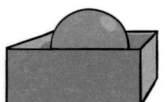

di

μέσα

didepan

μπροστά

diatas

πάνω από

diatas

πάνω

dibawah

κάτω

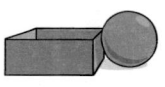

sebelah

δίπλα

di antara

ανάμεσα

tempat

μέρος